VONTADE DE FERRO

EPIX
Fierce

JAMES LAWRENCE

VONTADE DE FERRO

LIÇÕES QUE APRENDI AO CONQUISTAR O IMPOSSÍVEL

TRADUÇÃO DE GABRIEL ZIDE NETO

Rocco

Título original
IRON HOPE
Lessons Learned from
CONQUERING THE IMPOSSIBLE

Primeira publicação nos Estados Unidos por St. Martin's Press,
um selo da St. Martin's Publishing Group.

Direitos para a língua portuguesa reservados
com exclusividade para o Brasil à
EDITORA ROCCO LTDA.
Rua Evaristo da Veiga, 65 – 11º andar
Passeio Corporate – Torre 1
20031-040 – Rio de Janeiro – RJ
Tel.: (21) 3525-2000 – Fax: (21) 3525-2001
rocco@rocco.com.br|www.rocco.com.br

Printed in Brazil/Impresso no Brasil

Preparação de originais
LUIZ ANTONIO WERNECK MAIA

CIP-BRASIL. CATALOGAÇÃO NA PUBLICAÇÃO
SINDICATO NACIONAL DOS EDITORES DE LIVROS, RJ

L447v

Lawrence, James, 1976-
Vontade de ferro : lições que aprendi ao conquistar o impossível / James Lawrence ; tradução Gabriel Zide Neto. - 1. ed. - Rio de Janeiro : Rocco, 2025.

Tradução de: Iron hope lessons learned from conquering the impossible
ISBN 978-65-5532-603-1
ISBN 978-65-5595-400-5 (recurso eletrônico)

1. Resiliência (Traço da personalidade). 2. Autorrealização (Psicologia). I. Zide eto, Gabriel. II. Título.

CDD: 158.1
25-99771.0 CDU: 159.923

Meri Gleice Rodrigues de Souza - Bibliotecária - CRB-7/6439

ESTE LIVRO É PARA VOCÊ.

MANTENHA-SE CONFIANTE
DURANTE TODAS AS TEMPESTADES.

SUMÁRIO

(*Matthew Norton*)

SEM SACRIFÍCIO, NÃO HÁ VITÓRIA POSSÍVEL.

(*Tommy Rivers Puzey*)

OS NÚMEROS **DO CAUBÓI DE FERRO**

22 — **triatlos de média distância em um ano.** Recorde mundial, 2010.

30 — **triatlos de longa distância em um ano.** Recorde mundial, 2012.

50 — **50 triatlos de longa distância em 50 estados, em 50 dias.** Recorde mundial, 2015.

100 — **100 triatlos de longa distância em 100 dias.** Recorde mundial, 2021.

5.895m de altitude — **Primeira pessoa a subir de bicicleta o monte Kilimanjaro, ponto culminante da África.**

4.828km de bicicleta — ***Race Across America*, 1º lugar no time misto, 2022.**

402km — **Correndo pela Grécia.**

6 Campeonatos Mundiais disputados.

---

214 horas, 3 minutos, 671km. Tempo de prova na Eco-Challenge Mundial, nas ilhas Fiji.

---

21 **testes médicos e genéticos a que fui submetido.**

0 **atributos físicos especiais.**

INTRODUÇÃO

Aos 45 anos, idade em que a maioria das pessoas desiste totalmente de correr, nadar ou pedalar, eu propus a mim mesmo um desafio tão terrivelmente difícil que, em certos momentos, cheguei a pensar que não iria sobreviver.

Em 2020, o mundo inteiro parou por causa da covid-19. De um dia para o outro, todo o meu negócio de palestras e preparação de atletas desapareceu. Por algumas semanas, eu fiz o que podia, um bico aqui, outro ali. Eu só via pessoas em dificuldade — sem esperança, cheias de medo, estafadas, com raiva, deprimidas, solitárias ou em desespero. Eu queria ajudar.

Comecei a imaginar um desafio que me exigisse passar por muitas dificuldades. Só pela perseverança, eu conseguiria inspirar as pessoas a fazer o mesmo, em qualquer dificuldade que estivessem enfrentando. Sei que muitas metas podem ser alcançadas só pela resistência. Ao decidir ir em frente, conseguimos ver o que realmente importa. Descobrimos e vivemos nossa melhor vida.

E assim eu me propus a correr 100 triatlos completos (normalmente chamados de Ironman) em 100 dias seguidos, um feito absolutamente monstruoso em se tratando de longas distâncias. Eu teria que ir em frente, dia após dia, um quilômetro após o outro, percorrendo diariamente 226km, cobrindo março, abril, maio e vários dias de junho de 2021. No total, eu percorreria mais de 22.500km, movido apenas pela minha força.

Batizei esse empreendimento de "Conquista dos 100", e neste livro vou contar como foi. Uma história de sobrevivência sem igual. Já vou avisando que é tudo muito cru e de forte carga emocional. Alguns trechos vão lhe deixar com um nó na garganta. Mas acredito que em outros você vá querer se levantar e gritar, porque os triunfos também foram grandes.

Em todo o percurso da Conquista dos 100, aprendi lições importantes que servem para a vida de qualquer pessoa. Valem para questões de liderança, para os negócios, casamento, relacionamentos, educação, atletismo e para a arte. Pense nessas lições como ferramentas fundamentais na busca de seus objetivos.

Muitos sonham com uma vida em que não seja necessário trabalhar tanto. Desejamos uma rede ao sol e uma bebida decorada com um pequeno guarda-chuva. Com toda certeza não sonhamos com um esforço de proporções mitológicas. Ninguém me obrigou a fazer a Conquista dos 100. Por que eu iria me submeter a um desafio tão difícil?

Foi por vocês. Para lhes convencer de que, mesmo nos momentos mais difíceis, sempre há esperança. Você é tão capaz quanto eu de fazer coisas extraordinárias, de propor objetivos épicos a si mesmo e conquistá-los. Você dispõe de uma força interior incrível, oportunidades sem fim e um potencial ilimitado que só está esperando para ser despertado.

Para ser bem claro, não estou aqui lhe instigando a fazer *exatamente* o que eu fiz (aliás, eu até recomendaria que não fizesse). Os meus desafios lidavam com quilômetros de natação, de corrida ou de bicicleta. Mas qualquer que seja o sentido que dê à palavra "dificuldade", você pode superá-la. Só quero convencê-lo de que, mesmo nas horas mais difíceis, não há motivo para desistir. Basta ficar firme.

Estou escrevendo este livro logo depois da covid, mas as coisas não estão muito melhores. Por toda parte, as pessoas lutam contra a mesma consternação, a mesma raiva, frustração, solidão e o mesmo medo. Mais do que nunca, é preciso muita esperança.

Não foi fácil eu completar a Conquista dos 100, e você pode até zombar disso, imaginando que eu seja um homem dotado de superpoderes. Mas a surpresa é essa: eu submeti o meu corpo a todo teste genético conhecido pela ciência. E a descoberta mais impressionante é que não havia nada de impressionante para ser descoberto. Eu não tenho nenhuma mutação genética nem coração biônico, nem fui mordido por uma aranha radioativa. Não tenho nada de especial. Sou só um cara normal.

E se eu posso completar a Conquista dos 100... imagine o que você pode fazer. Você pode atingir uma meta mais alta do que jamais imaginou. Sua vida ainda não terminou. Você não está acabado. Não está fora da luta. Dá para seguir em frente. Você é muito mais forte do que imagina. Posso apostar o que você quiser que o máximo do seu potencial ainda está para ser descoberto.

É verdade que este livro é voltado para aqueles que têm uma veia atlética. Se você deseja atingir o máximo de sua capacidade física, em qualquer nível, este livro é para você. Mas mesmo que seu interesse num triatlo, numa maratona, ou mesmo numa corrida de 5km seja zero, este livro continua sendo para você. Ele serve para qualquer pessoa que queira superar um obstáculo que esteja atrapalhando sua vida.

O segredo para alcançar novas altitudes é uma mentalidade a prova de tudo. Nas páginas deste livro, vou lhe mostrar como forjei uma vontade de ferro, fazendo e cumprindo pequenas promessas o tempo todo. Reuni experiências e construí momento, até que desistir se tornasse impossível. Vou lhe mostrar o caminho para que você seja capaz de reproduzir esse tipo de sucesso em sua vida.

O tom deste livro pode surpreender. Você pode pensar que minhas lições são todas calcadas numa hipermasculinidade egocêntrica, totalmente voltada para o desempenho. Mas eu não sou assim. Meu caminho para o aperfeiçoamento se baseia na família, na minha comunidade, no amor, na confiança, no trabalho em equipe e na empatia. Eu vejo meus feitos de resistência não como uma plataforma para alardear alguma grandeza pessoal, mas como um veículo para despertar a esperança dentro de você.

Neste livro, vou lhe contar a história dos cem dias mais difíceis de minha vida. Vou compartilhar minhas técnicas para forjar resistência mental e mostrar em detalhes as estratégias que criei para me tornar um dos maiores atletas de resistência de todos os tempos. E também vou contar as incríveis histórias de luta e triunfo que encontrei pelo caminho.

Página após página, ponto por ponto, vou lhe mostrar como nunca jogar a toalha. Pense neste livro como um manual de resistência mental. É um convite para você conquistar seus sonhos e realizar coisas grandiosas. **Mesmo quando o caminho à sua frente ficar difícil, você poderá sempre ter uma Vontade de Ferro.**

1

LEVANTE-SE E COMECE

Março de 2021

Estou no chuveiro, em pé, nu, totalmente acabado, aos prantos.

A noite caiu e já são quase dez horas. Meu dia finalmente acabou, mas, mesmo com aquela cascata de água quente em cima de mim, não estou nem perto de sentir algum alívio. Numa escala de um a dez, a dor que sinto é grau vinte, e eu não faço ideia de como acabar com ela. Eu já passei por muitas dores antes, mas nenhuma se compara a essa. Em cada passo que dei nos últimos 20km, parecia que havia um ferro em brasa me martelando pelas solas dos tênis, até chegar às tíbias. Quando cruzei a linha de chegada, mal me aguentava em pé.

E a manhã tinha começado tão bem! Era o 15º dia do meu objetivo de completar cem triatlos de longa distância em cem dias seguidos. Mas, no meio da corrida, a dor me atingiu sem aviso. Eram fraturas de estresse, pequenas fissuras nos ossos causadas por muito esforço repetitivo. Eu já conhecia essa sensação nas pernas, mas nunca havia sentido a dor com tamanha intensidade. Ela veio com tanta força que eu comecei a achar que desmaiaria.

Minhas pernas estão tão inchadas que é difícil até andar. A dor que sinto é extrema.
(*Matthew Norton*)

Em meus triatlos, eu conto com dois parceiros principais. Aaron é uma potência avassaladora de 33 anos, um técnico de atletismo barbudo, que pedala comigo 180km de bicicleta todos os dias. Casey é um professor de 42 anos, de queixo protuberante, o primeiro a se oferecer para ajudar cada vez que eu imagino uma nova aventura. Ele completa metade das provas de natação e a maior parte das corridas diariamente.

Conforme eu ia perdendo a consciência, Casey se pôs ao meu lado a cada passo do caminho. Cada vez que eu estava para cair, ele me segurava, me tirava do estupor e eu recobrava a consciência. Ele proferia as três palavras — *Vamos em frente!* — que eu havia escolhido como mantra para reprogramar o corpo e a mente. E nós continuávamos enfrentando a trilha, até que eu estivesse novamente prestes a desmaiar, tropeçar e voltasse a cair. Foi assim que eu percorri a segunda metade da maratona. Dor, desmaio, queda, amparo. "Vamos em frente!" Mais um passo à frente. Mais dor. Um quilômetro depois do outro.

Quando finalmente cruzei a linha de chegada, não tive qualquer sensação de triunfo. Havia passado quase 17 horas em movimento constante, mais de quatro horas além do meu ritmo normal. Cambaleei pela porta de casa, fui tirando as camadas de roupa que haviam enfrentado o frio daquele final de inverno e, aos trancos e barrancos, cheguei ao chuveiro. Foi aí que vieram as lágrimas, bem distante das redes sociais.

Eu não choro fácil. Mas essa noite, no chuveiro, não consigo me conter. Estou fisicamente extenuado. Mentalmente exausto. Com medo do que vai acontecer amanhã. Com medo de ter causado danos permanentes ao meu corpo. E ainda temos 85 dias pela frente.

Sunny, minha esposa, preocupada com o que está ouvindo, abre a porta do chuveiro. Ela é sábia, bonita, minha gestora e guerreira motivacional, mãe de cinco filhos incríveis, e minha rocha. Nas últimas duas semanas, não dormiu mais do que quatro horas por noite. Está com olheiras profundas, e um único olhar mostra que sabe que eu estou muito mal. Depois de vinte anos de casamento, as palavras às vezes só atrapalham.

VONTADE DE FERRO: Uma pessoa forte é uma pessoa autêntica. Permita que seu círculo mais próximo veja você no seu melhor e no seu pior, quando está sangrando e destruído, ou quando está cantando em triunfo. Você precisa dessas pessoas a cada passo do caminho.

Por favor, não deixem de compreender isso. O mundo é feito para destruir você. Se estiver correndo atrás de seus objetivos com tudo que tem, você, com certeza, vai levar um soco na boca. Vai sentir dor. Portanto, quando estiver batalhando, você vai ter que permitir que as pessoas mais

Casey e Aaron, meus parceiros de confiança, estão sempre prontos para me amparar.
(*Matthew Norton*)

próximas de você vejam como está se saindo, como eu faço com Aaron, Casey e Sunny. É claro que você não precisa se desnudar e se expor para todo mundo. Mas precisa cultivar um pequeno grupo de amigos que conheçam seu verdadeiro eu.

É importante compartilhar essa visão com seu círculo íntimo. Permita que eles saibam o quanto valoriza a presença deles em sua vida. Comunique seus objetivos e os convide para embarcar na sua viagem. Essa é uma via de mão dupla. Eles vão poder contar com você da mesma maneira que você poderá contar com eles. Permita que eles saibam que haverá momentos em que você vai estar frágil e vai chorar compulsivamente. É assim mesmo. Vocês vão ter que ser fortes um para o outro, nos momentos mais vulneráveis da vida. Vão amar uns aos outros, não só com palavras, mas também com ações e com verdades. Vão ter êxito juntos.

Você consegue identificar dois amigos seus que sejam assim? Você já compartilhou com eles sua visão? Marque uma conversa para esta semana.

Sunny e eu estamos sempre discutindo como melhorar minha alimentação, meu sono, as fases de transição e minha eficiência.

(*Matthew Norton*)

* * *

Voltando a mim e a Sunny. Encolhi os ombros, ainda aos prantos. O que eu devia dizer a ela? Que na metade final da maratona eu desejei que minhas pernas se partissem? Que minhas tíbias doíam tanto que eu realmente queria que meus ossos quebrassem, para que todos soubessem que eu não tinha nenhuma possibilidade de continuar?

Ela me olha fixamente. Posso ver as engrenagens rodando em sua cabeça.

Eu a encaro de volta. Ambos estamos fixos em uma verdade:

> **VONTADE DE FERRO:** Sempre que estiver numa batalha, você tem uma escolha: pode assumir uma postura de vítima, ou aprender e crescer e se tornar melhor com a batalha. Lembre-se sempre de que você *não é* uma vítima, não nesta temporada nem na sua mente, nem em um momento de extrema dificuldade.

Eu preciso que você compreenda bem esse fato. Alguns anos atrás, uns caras me incentivaram a subir o monte Kilimanjaro, ponto culminante da África. Respondi:

— Eu adoro a África, mas não pratico alpinismo.

— Não — responderam. — Você não entendeu. Você é o cara que sempre adora ser o primeiro a fazer as coisas que nunca ninguém fez, não é mesmo? Nós queremos que você seja o primeiro a chegar ao topo numa mountain bike.

— Essa é a ideia mais idiota que eu já ouvi na vida — resmunguei. Mas aí, sendo quem eu sou, logo me vi em plena Tanzânia. Na minha primeira hora subindo o Kilimanjaro, já estava arrependido da minha decisão. A montanha tem uns 6 mil metros de altura e boa parte do terreno era tão íngreme que era quase impossível de se pedalar. À medida que eu subia, respirar se tornava cada vez mais difícil. Os músculos precisam de oxigênio para ter um bom desempenho, mas eu havia decidido fazer a subida sem usar cilindros suplementares de oxigênio. Durante três dias me senti extremamente infeliz, tentado a assumir uma postura de vítima: *Eu caí como um patinho nessa aventura. A vida é tão injusta. Minhas pernas doem mais que as de qualquer pessoa que já existiu.*

No terceiro dia eu cheguei ao acampamento base, 3.800m acima do nível do mar, e conheci um grupo de veteranos de guerra. Superanimados, eles haviam chegado ao cume e agora estavam descendo. Reclamei do quanto as minhas pernas doíam. Aí percebi que uma das mulheres chegara ao topo com uma perna mecânica — ela havia perdido uma das pernas na guerra. Esse momento foi um soco no estômago que provocou uma poderosa mudança de paradigma. Nós nunca sabemos quando ou se alguma coisa valiosa vai desaparecer. Cada momento é uma bênção. O amanhã nunca está garantido.

Acordei no dia seguinte com um novo senso de propósito e um sorriso novo no rosto. Pedalei até o cume do Kilimanjaro, minhas pernas ainda agonizando. Quando cheguei ao topo, lembrei-me de outro veterano, um cara que ficara cego no campo de batalha. Fiquei com pena por ele não poder ver a vista que eu estava vendo, todas as planícies africanas lá do alto. Mais uma vez me dei conta de que toda a dor para chegar até lá em cima valera a pena. Renovei um voto que fiz a vida inteira, de sempre dizer sim para as oportunidades, de dizer sim para as coisas que trazem desconforto, e para as coisas que me assustam.

Pegue um lápis agora mesmo, rápido! Quero que faça uma lista num pedaço de papel. Liste dez coisas pelas quais você se sente grato. Suas pernas? Seus olhos? Sua habilidade de andar de bicicleta? Talvez você sempre tenha considerado as tais dez coisas como dadas, mas qualquer uma delas pode desaparecer de um momento para o outro. Quando você foca em tudo aquilo que tem — em vez do que você *não* tem —, sua postura deixa de ser de vítima e passa a ser de vencedor.

Eu e Tyrell no acampamento base a 3.800m de altura no Monte Kilimanjaro, em 2017. Me sentindo pequeno perto dos viajantes portadores de deficiência física, depois de eu mesmo reclamar da dor que sentia nas pernas. (*John Turner*)

A frente da roupa de Sunny está ficando úmida com o respingo do chuveiro, mas ela não se move. Estamos juntos em nossa solidariedade, na resolução férrea de acreditar no que fazemos e no que somos. Quando você ganha a vida competindo em triatlos de longa distância, o verbo desistir simplesmente não existe na sua casa. Nem no seu vocabulário, nem no da sua esposa.

— James — ela diz finalmente. Sua voz é clara e firme —, por hoje é só. Você fez o seu trabalho. Agora você tem que confiar na equipe. Permita que eles o coloquem de volta nos trilhos.

Eu engulo em seco, porque ainda não consigo articular as palavras. Por "equipe", ela está se referindo aos meus preparadores físicos, meu quiroprata, massoterapeutas, nutricionistas, cientistas e equipe de Biostrap, que monitora e analisa a atividade cardíaca. Se eu conseguir juntar força de vontade suficiente para sair do chuveiro, tudo o que eu preciso fazer é enrolar uma toalha em volta do corpo, ir devagar até a sala e desabar na mesa acolchoada de massagem. Toda uma equipe especializada vai apalpar e reajustar meus músculos, às vezes até altas horas da madrugada.

Haydn e Felisha são os que trabalham com mais consistência. Haydn é um sujeito grande, de 44 anos, preparador físico diplomado que, de dia, trabalhava com jogadores de futebol americano. Os *insights* que ele tem sobre o funcionamento interno do corpo me ajudam a ficar vivo. Felisha é uma massoterapeuta experiente de quase 40 anos. Ela tem uma força incrível nas mãos e consegue trabalhar fundo nos tecidos como ninguém, às vezes com os quatro dedos estendidos enfiados no meu umbigo até a palma da mão, trabalhando para soltar o músculo psoas, que estabiliza a coluna e flexiona o quadril. Nessas sessões, em geral eu faço várias coisas ao mesmo tempo. Eu como enquanto eles trabalham no meu corpo. Me alimento pela abertura do encosto da cabeça, enquanto estou deitado de bruços. Ou tiro um cochilo enquanto eles tentam recompor aquele corpo em ruínas. Depois que eles encerram o dia, caminho até o quarto para algumas horas de sono de verdade. Sunny ainda diz:

— Nós dois sabemos que milagres acontecem. É para isso que nós vamos orar hoje e amanhã. Eu só preciso que você faça uma coisa… — Aqui ela faz uma pausa, ainda sob o respingo da água quente. Ela espera eu me recompor o suficiente e dar um grunhido de consentimento ao que vem a seguir.

Mas o fato é que eu não consigo conter as lágrimas. Tenho um pressentimento e, no fundo da alma, sei que ela está certa. Eu não vou desistir. Vou continuar porque já disse a mim mesmo que é isso o que eu vou fazer. A dor não importa, mesmo que pareça provocada por ferro incandescente.

A vontade de desmaiar não importa.

Finalmente, consigo balbuciar uma palavra:

— Ok.

— Eu só preciso de uma coisa — ela completa. — Que amanhã de manhã você se levante e *comece*.

Sunny está sempre pronta para me dar força, depois de cada etapa do triatlo.
(*Matthew Norton*)

VONTADE DE FERRO: Quando estiver imerso numa batalha, você não vai ter todas as respostas. Você só sabe que tem que seguir em frente. Por isso, esqueça a linha de chegada por um tempo. Independentemente de ser uma linha de chegada mesmo, ou um projeto para terminar, uma empresa que você queira vender, qualquer que seja a sua linha de chegada — esqueça-a. Senão ela vai tomar conta de você. Cuide apenas do dia de hoje. E amanhã de manhã, levante-se e comece.

Continue. Não desista. À medida que for lidando com a dor, você vai conseguir ver suas prioridades. Vai descobrir e viver sua melhor vida. Eu tenho um amigo que é muito infeliz no trabalho dele. Todo dia é uma dificuldade. Ele queria ser empreendedor, e eu entendo isso. As redes sociais vendem o empreendedorismo como a coisa mais cobiçada do planeta. Boa parte do que ele quer é se ver livre do péssimo emprego que tem hoje.

Mas perguntei a ele se estava pronto para deixar o tal emprego, se ele tem as reservas financeiras e a rede de apoio necessárias para garantir a sobrevivência da família durante a transição e o início do novo negócio. Ele me disse, de cara, que não. Mesmo assim, deseja largar o emprego imediatamente. O sonho dele é jogar tudo para o alto e nunca mais olhar para trás.

Pode parecer bom, mas eu sugeri a ele esperar. Aguentar a dor. Com o tempo, ele vai ficar pronto. Sim, por favor, não deixe de correr atrás de seus sonhos, com todo o coração! Só não aposte tudo de cara. Como eu mesmo sou empreendedor, sei que a maioria dos novos negócios demoram mais tempo para decolar e custam mais do que o que foi projetado.

VONTADE DE FERRO: Você tem que estar disposto a fazer o trabalho árduo e sem graça agora; fazer coisas que você não gosta de fazer, para um dia poder fazer aquilo que quer. Você tem que aguentar um pouco de dor e desconforto no caminho para os seus sonhos. Isso constitui uma boa parte da mentalidade de ferro que vai mudar sua vida. Muitas metas podem ser alcançadas se você simplesmente aguentar firme.

A boa notícia, meu amigo, é que você é capaz de lidar com a dor e com o desconforto. Você é muito mais forte do que imagina. Só precisa aguentar o dia de hoje.

E aí, amanhã, levante-se e *comece*.

2

A DOR NÃO PODE VENCER

Meu sono acontece entre espasmos e contorções. Eu luto contra tremores e pesadelos. Meu corpo mal se aguenta. Quando finalmente desperto, tento me levantar, mas solto um gemido e me sento. Tudo o que eu posso esperar para hoje é mais sofrimento e dores intensas.

Sunny se senta a meu lado, na ponta da cama, e tenta sorrir. Toda manhã, com o cabelo louro desarrumado, ela cuida dos meus pés cheios de bolhas, massageando-os com óleos essenciais. Quando termina, desaba de cansaço. Nós dois gostaríamos de dormir por oito horas seguidas e acordar revigorados, deliciosamente descansados. Mas isso não vai acontecer pelos próximos dois meses e meio. Eu beijo seu rosto, me lembrando do que ela me disse ontem à noite. Tudo o que eu preciso fazer é começar.

Levanto devagar e consigo ficar de pé. Vou me arrastando até a cozinha e, metodicamente, engulo salsichas, panquecas, burritos, batatas raladas e fritas com pimentões e abacate, aveia com nozes, coco e mel. Tenho 45 anos, 1,72m de altura e peso cerca de 79kg. A ingestão diária recomendada para um homem adulto é de 2.500 calorias. Durante todo o dia de hoje, me reabastecendo continuamente, vou consumir 12 mil calorias.

Um monte de gente está em volta da mesa. O pessoal da minha equipe. Gente que vai participar de várias etapas de nosso dia. A turma de filmagem, que está fazendo um documentário sobre a jornada. A casa não é mais nossa. Do lado de fora, parece que vai chover. Alguém comenta que a previsão é de granizo. Lucy, nossa filha mais velha, está começando os *posts* nas redes sociais. Inteligente e de raciocínio rápido, ela negocia os contratos mais importantes com os patrocinadores e cuida de boa parte da comunicação, embora ainda esteja no último ano do ensino médio.

Sunny conversa comigo sobre as minhas emoções antes de eu correr. (*Matthew Norton*)

Nossa família batizou esta jornada atlética de "Conquista dos 100", sendo que meu objetivo era fazer algo que ninguém nunca tivesse feito. Todo dia, durante uma temporada inteira, de 1º de março a 8 de junho de 2021, completarei um triatlo inteiro. Sem descanso nos fins de semana. Sem descanso algum — ponto. Só um dia após o outro de dureza e de dor. Vou nadar, pedalar e correr mais de 22 mil km — mais do que cinco vezes a distância entre Nova York e Los Angeles.

Topamos fazer a Conquista dos 100 por três motivos. Em primeiro lugar, caridade. Nossa meta inicial era angariar 100 mil dólares para a Operation Underground Railroad*, uma ONG dedicada a acabar com o tráfico de pessoas. Trabalhando com uma série de parceiros desde 2013, a Operation Underground Railroad ajudou a resgatar mais de 4.600 sobreviventes e auxiliou na prisão de mais de 2.600 traficantes e predadores. Queremos aumentar esses números.

Em segundo lugar, estamos fazendo isso por nós mesmos. No meu trabalho diário, sou preparador físico e palestrante corporativo, e há muito tempo eu decidi que, se vou ficar na frente de um monte de gente e falar alguma coisa sobre superar obstáculos, tenho que ter conhecimento de causa. Minha credibilidade como atleta de resistência já foi sacramentada há muitos anos. Mesmo assim, volta e meia eu sinto vontade de tentar algo ainda mais difícil, para nunca cair na zona de conforto.

Em terceiro lugar, fazemos isso para empoderar as pessoas. Queremos que elas atinjam o máximo de seu potencial. Queremos redefinir o que é impossível, para que mais pessoas possam descobrir novas possibilidades. Se eu puder ir mais longe do que alguém já foi, isso só vai mostrar que todo mundo pode subir o sarrafo de suas próprias expectativas. Desejo que todos nós repensemos nossos limites como seres humanos e encontremos partes de nós mesmos que nem sabíamos que existiam.

Quero que vocês encontrem esperança, sigam em frente e aguentem firme.

Dia 16. Chegamos ao Lindon Aquatics Center enquanto o céu ainda está escuro. No vestiário, entro num macacão de natação fino e sem mangas e caminho para a piscina externa. O vapor se ergue da superfície da água e Sunny faz um sinal de positivo com a mão. Esse sou eu começando. Sou eu aguentando firme. Entro na água e respiro bem fundo. Normalmente,

* O nome faz referência a uma série de rotas de apoio existentes no século XIX, nos Estados Unidos, que ajudava pessoas escravizadas a fugirem do Sul para os estados do Norte, onde não havia mais escravidão, para o Canadá ou para o México. (N. do T.)

eu gosto de nadar. É a hora do dia em que raciocino melhor. Braçada após braçada, metro após metro, eu ouço os mesmos sons e vejo as mesmas coisas. Nadar é terapêutico, quase hipnótico — exceto quando sinto cãibras.

Hoje meu corpo está um desastre. Dou algumas braçadas e minha perna se contrai, como se estivesse num torno. A dor é causada por músculos que se alongam e se contraem demais. Parece uma cãibra forte, aquele espasmo repentino e insuportável em que a panturrilha se contrai descontroladamente, como se o músculo tivesse se enrolado e dado um nó em si mesmo.

Há muito tempo eu aprendi a ir em frente, com cãibra e tudo. Seguir em frente, mesmo com dor, é ruim, mas não mata ninguém. Eu chego ao fim da piscina, mas, quando tento fazer a virada, não consigo dar aquele giro rápido nem o impulso com as pernas que os nadadores geralmente fazem, porque esse movimento é um convite para mais cãibras. Por isso, tento procurar um jeito de fazer diferente. Eu me viro devagar, de lado, sem contrair demais as pernas, como uma balsa fazendo uma curva lenta num rio. Logo me vejo nadando na outra direção. A dor não venceu.

Por enquanto, guarde em sua cabeça o embrião dessa ideia, e veja como ela vai se desenvolver ao longo do livro. No caminho para os seus sonhos, você vai se deparar com a dor. O que vai fazer com ela? Dor é um sinal de que alguma coisa está errada. Escute o que ela tem a dizer. Não a ignore.

Só não permita que ela vença!

Você pode ir em frente, mesmo com dor. Pode encontrar maneiras de contorná-la. Deixar de lado o desejo de conforto é o primeiro passo para a vitória. Sem sacrifício, não há conquista. Diga a si mesmo, agora mesmo, que a dor não vai lhe derrotar. Você é bem mais forte do que pensa.

Isso vale para nós, mas é especialmente importante para nossos filhos. Como pais, nosso instinto é querer protegê-los de todo mal. A atual geração de adultos se convenceu de que o certo é enrolar os filhos em milhões de camadas de plástico bolha. Mas se não os deixarmos ralar os joelhos, vamos prestar um desserviço a eles. Precisamos permitir que cometam erros e experimentem as consequências naturais de suas ações. Estamos prontos para apoiá-los o tempo todo.

VONTADE DE FERRO: Está tudo bem em vivenciar a dor e o desconforto, e esta lição vai mudar sua vida — quando sua mente a aceitar. Confie que você vai saber lidar com a dor, fazer escolhas, atravessá-la ou driblá-la. Acredite em sua capacidade de superar desafios e sair mais forte do outro lado. Você cresce e aprende por causa da dor. Portanto, tenha em mente que a dor pode lhe trazer algum ensinamento.

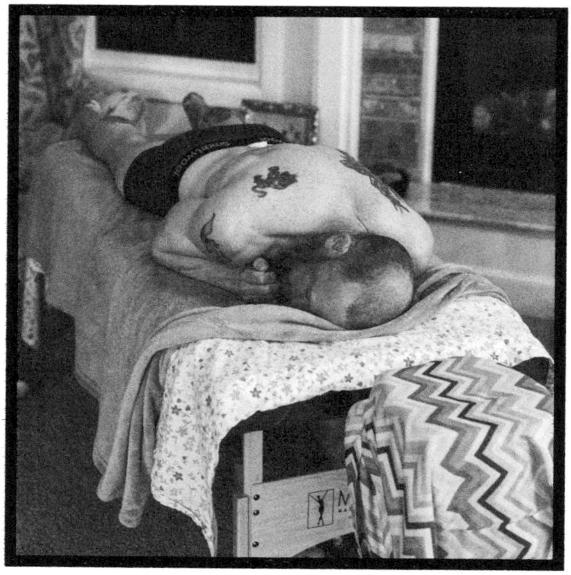

A dor também pode ensinar. Aqui estou eu, deitado e sendo amassado na mesa de massagem. Adormeço em segundos. (*Matthew Norton*)

O sol se levanta e ilumina as nuvens que encobrem a cordilheira Wasatch. Tenho uma garrafinha no fim da raia e, durante a natação, volta e meia eu paro para beber uma mistura de leite de aveia com água e pó de proteína com sabor de biscoito de menta. Não paro de pensar enquanto nado, revendo o que estou tentando comunicar com este feito. Há um motivo pelo qual uma prova de triatlo é considerada o dia mais difícil de qualquer esporte. Completar apenas a parte da corrida — uma maratona de 42km — já é um esforço enorme. Na Grécia antiga, contam que um mensageiro chamado Fidípides correu a distância entre Maratona e Atenas, entregou uma mensagem, caiu duro e morreu.

Além da maratona, o triatlo inclui outros dois esportes. Primeiro, você nada uma distância com dificuldade equivalente à de uma maratona — 3.800m, o que dá cerca de uma hora e meia de movimento constante dentro da água. Imagine dar dez voltas a nado na pista de atletismo de uma escola de ensino médio. Depois de se arrastar para fora da água, você pedala mais uma distância com dificuldade semelhante à da maratona — 180km, o que dá cerca de seis horas e meia de esforço constante e foco total no caminho. Depois de nadar e pedalar, aí sim você encara a maratona propriamente dita, que em média um competidor demora quatro horas e meia para correr. Para muita gente, completar um triatlo de longa distância é um acontecimento para a vida inteira. Uma coisa que se faz uma vez — e *só* uma vez — na vida.

Às vezes você tem que aguentar a chuva e um frio lancinante.
(*Matthew Norton*)

Hoje eu termino a natação em 1h25min46s. Sunny anotou minhas voltas com um cronômetro e uma prancheta. Também estamos ao vivo nas redes sociais, e Sunny já respondeu a perguntas on-line dos seguidores.

Tomo uma ducha para tirar o cloro e como um muffin, uma banana, carne seca, batatas e mais um burrito de café da manhã, enquanto ponho e tiro a cabeça do chuveiro. Eu me seco e, todo duro, visto meu uniforme de ciclista — calça, camisa, corta-vento verde fosforescente, capacete e sapatilhas que se encaixam nos pedais — e corro para fora, pronto para pegar a estrada. Consigo refletir muito bem quando estou pedalando.

Nessa manhã está chovendo muito. Aaron, meu parceiro, pedala a meu lado, com mais dois amigos que hoje se uniram à caravana. Estou trêmulo e todo dolorido, e penso em como um triatlo pode ser tanto uma batalha psicológica quanto física. Você tem que se comprometer a encarar essa prova de fogo e não parar. Tem que encarar o trauma que o esporte provoca. Seu corpo grita "Pare", mas você o manda ir em frente. Aí o corpo questiona a mente. Devo parar? Devo seguir em frente? Você tem que convencer o corpo a desafiar a lógica.

Nós pedalamos sem parar. No meio do caminho, a chuva vira granizo, mas não fica muito gelo na pista, por isso vamos em frente. Durante o trajeto, como e bebo regularmente — o que quer que esteja nos meus bolsos e na garrafa de água. Às vezes, paro para receber comida do carro de apoio que nos acompanha. Torradas. Sopa quente. Biscoitos. Queijo. Shakes nutritivos. Água de coco. Suco V8. Energéticos. Barras energéticas. Sanduíches. Quesadillas com pepperoni e queijo. A chuva de granizo para e um sol fraco aparece. Ainda faz apenas seis graus. Vamos em frente.

No fim da tarde, eu termino o ciclismo: 7h11min21s. Visto a roupa de corrida, como batatas e uma carne seca, coloco protetores entre os meus dedos dos pés para evitar assaduras e parto para a trilha, para a maratona. A chuva para completamente e o sol aparece por entre as nuvens. Casey corre comigo, junto com quatro amigos que se juntaram por hoje, mas minhas pernas já não sabem mais o que é correr. Quando meus pés tocam o chão, a mesma dor lancinante de ontem nas tíbias prejudica minha corrida. Diminuo o ritmo e tento apenas andar rápido.

— Hoje vai ser brutal — murmuro para Casey.

— Vamos esmagar essa dor — ele rebate. — Vamos em frente!

Tudo o que posso fazer é pôr um pé na frente do outro. É como se as minhas pernas estivessem sendo esfaqueadas. A cada passo. E eu tenho uma maratona inteira pela frente.

Mas nós vamos em frente — não há o que fazer. Estou concentrado e em silêncio. Uma hora inteira sentindo dor. Depois outra e mais outra. O sol desaparece e volta a chover. Alguém traz um guarda-chuva. Eu pego e continuo andando rápido.

À medida que a maratona vai avançando, o sol se põe e a noite cai. Ligamos os faróis e seguimos em frente. Qualquer pessoa que diga que um triatlo é 90% mental e 10% físico está mentindo. Hoje foi um dia que eu me lembrei da amarga verdade.

Um triatlo é, com toda a certeza, um desafio físico. Triatletas podem ter bolhas horríveis. Dor muscular. Desidratação. Fadiga. Confusão mental. Ânsia de vômito. Unhas dos pés enegrecidas. Unhas que soltam dos dedos. Dor nas costas e na nuca. Bursite no ombro, pelo atrito entre o manguito rotador e a escápula. Dor nas mãos, no punho e no antebraço, de tanto tempo guiando uma bike. Feridas e hemorroidas pelo tempo sentado no selim. Lesão no joelho por conta da corrida. Lesão no tornozelo, no quadril, nos calcanhares. Fratura da tíbia por estresse. Mamilos que sangram. Axilas que sangram. Níveis elevados de cortisol. Estresse oxidativo de tanto oxigênio no corpo. Danos renais por falta de fluxo sanguíneo nos órgãos.

Um único triatlo é capaz de destruir o corpo de alguém. Uma pessoa normal precisa de cerca de um mês após o triatlo para voltar à rotina normal.

E esta noite, após 16 horas, 57 minutos e 2 segundos, acabei de completar meu 16º triatlo em 16 dias.

A mente e o corpo trabalham juntos. Qualquer grande desafio vai exigir 100% de seu foco mental e 100% do físico. Isso não quer dizer que você deva usar toda sua força física, o tempo todo, mas, mesmo durante uma partida de xadrez, o corpo tem que estar focado naquele momento. A mente pode querer escapar ou procurar um refúgio. Seu dever é trazê-la de volta.

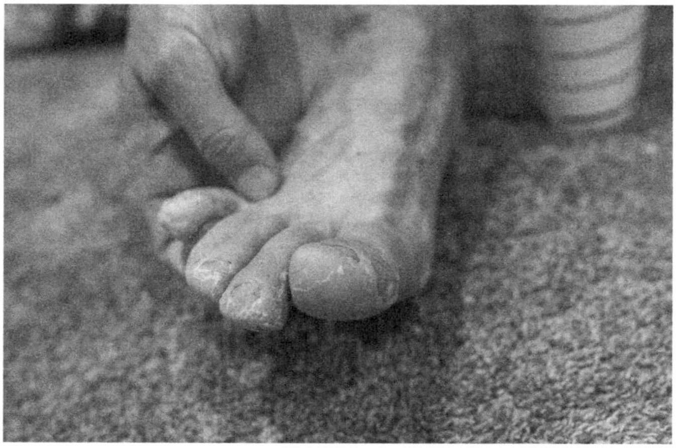

Meus pés estão um desastre. É o que acontece com quem disputa triatlos de longa distância. (*Matthew Norton*)

VONTADE DE FERRO: Para atravessar uma dificuldade, você tem que se convencer a desafiar a lógica. Seu corpo vai querer desistir, mas a mente tem que dar uma ordem para ele ir adiante. Você tem que buscar esse fogo dentro de si. Já teve essa sensação? Um fogo que arde nas entranhas, que vem do âmago do seu ser. Permita que esse fogo o energize. Essa parte mais profunda de suas entranhas engloba seus valores, desejos e o seu eu mais autêntico. Esse fogo insiste que você se levante e corra atrás de seus sonhos. É a maneira que a alma tem de lhe lembrar do seu propósito. O caminho para a frente raramente é fácil, mas você pode confiar na sua chama.

Depois de mais um banho, vou jantar. Salmão grelhado. Batatas. Aspargos. Queijo. Uma fatia bem grande de bolo de chocolate. Às vezes, a comunidade esportiva pega no meu pé, porque nem tudo o que eu como é nutritivo. Mas quando você tem que comer tanto, um biscoito ou um doce pode lhe dar uma injeção de ânimo psicológico. Desabo na mesa de massagem e a equipe vai trabalhar em meu corpo. As pernas estão totalmente destruídas.

Não estou aos prantos como ontem, mas eu não sei por quanto tempo vou aguentar esse nível de dor. Na mesa de massagem, como um prato de fetuccini Alfredo e brócolis.

Toda noite é uma batalha para me manter acordado, enquanto tento acabar de jantar. (*Matthew Norton*)

À meia-noite, quando me deito na cama, lembro que toda viagem parte de um início modesto. Eu nem sempre fui atleta de elite. No ensino fundamental, em Calgary, no Canadá, onde nasci, eu jogava vôlei e praticava luta livre, mas no começo não era bom em nenhum dos dois. Tudo o que eu tinha era minha perseverança — que alguns chamam de teimosia, outros de tenacidade. Quanto a mim? Eu só queria melhorar, especialmente na luta, por isso eu praticava bastante e fazia musculação, num aperfeiçoamento constante. No nono ano, eu já era campeão de luta livre na província de Alberta (o que equivale a ser campeão estadual nos Estados Unidos). No último ano do ensino médio, fui campeão invicto, ganhei na província e ganhei minhas primeiras duas lutas no campeonato nacional. Mas lesionei o ombro e não tive como disputar o título.

Aos 23 anos, me mudei para os Estados Unidos, conheci e me casei com Sunny. Demos início à família e passei a conceder empréstimos para hipotecas. Acabei tendo minha própria empresa. Depois de algum tempo, eu já tinha cinco funcionários encarregados de liberar as hipotecas e três outros para cuidar da burocracia. Com os anos, as longas horas de sedentarismo cobraram um preço, e eu me deixei levar. Em 2005, quando eu tinha 28 anos, Sunny percebeu a flacidez de meu abdômen e inscreveu nós dois para uma corrida de 6,5km, só como passatempo. Pensei que fosse ser uma moleza, mas corri esbaforido o percurso inteiro. No final, Sunny me agraciou com três palavras:

— Cara, foi patético.

Nós rimos bastante, mas ela estava certa. Eu não detinha um único recorde mundial quando fiz aquele papelão numa corrida recreativa. Tudo o que eu fiz foi participar. Por um pé na frente do outro. Depois, fui à academia e levantei um peso. Depois outro. Aos poucos, com perseverança, voltei a ficar em forma.

Comecei a sonhar em participar de um triatlo, mas não tinha ideia do que isso envolveria. Me inscrevi para participar de um triatlo de curta distância (750m de natação, 20km de ciclismo e 5km de corrida). Comprei um macacão aquático vistoso e um clip para o nariz cheio de estilo, mas ainda estava aprendendo a nadar. Logo depois de dada a largada, eu já estava ofegante, com dificuldade de respirar, me agarrando à borda da piscina, como se fosse morrer. Naquele tempo, ninguém postava fotos minhas na internet. Mas eu me obriguei a ir em frente, consegui terminar a corrida e descobri que adorava triatlo, mesmo não sendo muito bom no assunto. Havia algo de poderoso naqueles três esportes conectados num mesmo dia, e isso me animava. Comecei a competir com mais frequência em corridas de curta distância. Fui melhorando aos poucos e logo comecei a estar no pódio, regularmente, dos participantes da minha faixa etária.

Eu via na TV as transmissões do Campeonato Mundial de Ironman e sabia que um dia eu teria que fazer um triatlo completo, e assim fui treinando e pensando numa maneira de competir. Em 2008, quando me inscrevi para meu primeiro triatlo de longa distância, ainda não estava pronto.

Quando deram o tiro de largada, dois mil participantes mergulharam na água e, quase que imediatamente, alguém chutou meu rosto. Também fui atingido pelo braço de alguém. O disparo de adrenalina tomou conta de mim e não consegui manter minha posição. Alguém passou nadando por cima de mim e me afogou. Entrei em pânico, mas me obriguei a me acalmar. Tudo isso fazia parte da experiência de aprendizado, de meu início modesto. Eu tinha que aprender a criar um espaço próprio, a relaxar no meio do caos, a continuar nadando e não afundar.

Finalmente, acabei a prova de natação e pulei na bicicleta. No quilômetro 129, totalmente encharcado de suor, me dei conta do quão ridículo era o que eu estava fazendo. *Eu não tenho mais energia no tanque e ainda tenho 51,5km de bicicleta*, pensei, *e uma maratona inteira pela frente.*

Foi aí que eu conheci meu valentão interior. É aquela voz que aparece e debocha de mim — especialmente em momentos de dor e cansaço — e me diz que eu não sou bom o bastante. Ele dizia: *Você é um imbecil. Você não deveria nem estar aqui. Devia estar num sofá, comendo batata chip. Todo mundo sabe que você é uma farsa. Você nunca vai ter sucesso no atletismo.*

Tem gente que chama isso de "síndrome do impostor", aquele estado de espírito que tira sua confiança, faz você avaliar erroneamente sua capacidade, esfrega um monte de dúvidas na sua cara e faz de tudo para lhe convencer de que você não está à altura do desafio. Eu tinha que aprender como lidar com meu valentão interior. Respondi a ele que, mesmo que eu ainda não fosse um grande triatleta, um dia iria ser. Que eu ia continuar pedalando, com um movimento de cada vez, e que, sim, eu pertencia àquele mundo. E que, quando terminasse o percurso de bicicleta, começaria a maratona. Ia colocar um pé na frente do outro, passo a passo, quilômetro após quilômetro, e levar a corrida até o fim.

Depois de ter completado aquele dificílimo triatlo de estreia, me inscrevi para outro. Cada sucesso levava a outro. Cada aumento de confiança gerava mais confiança.

E tudo isso vale para você também.

Por isso... Pare! Isso mesmo, pare de uma vez por todas de ficar nas redes sociais, vendo as fotos de gente que conquistou grandes feitos, e ficar dizendo para si mesmo que você nunca vai conseguir. É mentira. O que você *não* vê são as milhares de horas de treino por que elas tiveram que passar para atingir seus objetivos. Elas também começaram do início — assim como você pode começar.

Como tudo começou, e como sou hoje. Todos nós começamos de baixo.

VONTADE DE FERRO: Qualquer que seja o objetivo, o início da viagem sempre vai ser um horror. Está tudo bem. O início é complicado mesmo, não tem nada de bonitinho. Diga a si mesmo que é perfeitamente normal cometer erros. Você não precisa saber tudo o que tem que fazer. Não tem que ficar bem na foto. Com toda certeza, seu valentão interior vai aparecer. Se ele ficar perturbando e dizendo que você é um impostor, mande-o calar a boca.

A melhor maneira de se criar confiança é dizendo a si mesmo para ter confiança. No começo, você não vai se sentir seguro. Mas um sucesso leva a outro. Você vai continuar indo em frente e se tornar mais forte e realizado. Com o tempo, sua confiança vai passar a ser autêntica, e você vai criar seu próprio território.

Faça isso agora mesmo. Visualize seu sonho. Ponha-o em sua mente. E então diga: "Eu pertenço a esse mundo."

Outra reviravolta grandiosa aconteceu em 2008, o ano em que completei meu primeiro triatlo de longa distância. A Grande Recessão me atingiu em cheio. A economia afundou e todo o meu negócio de emprestar dinheiro para hipotecas desapareceu.

Hoje posso dizer que 2008 foi o pior e o melhor ano da minha vida. Foi o pior porque eu tinha uma família para sustentar. Naquela época, Sunny e eu tínhamos quatro filhas — Lucy, Lily, Daisy e Dolly. E mais um rebento, dessa vez um filho, o Quinn, a caminho. Só que estávamos falidos. Eu tentava me virar fazendo bicos. Nossa poupança foi secando. Perdemos nossa casa e tivemos que morar de aluguel. O dinheiro ficou tão escasso que o banco confiscou nosso Toyota Highlander — com todas as cadeirinhas. Às vezes, não havia dinheiro nem para pagar o aluguel. Tivemos que nos inscrever no programa de ajuda do governo para comprar comida.

Mas aquele também se tornaria o melhor ano da minha vida. Como eu tinha chegado ao fundo do poço, não havia para onde ir senão para cima. Se eu não tivesse perdido a empresa de hipotecas, ainda a estaria administrando hoje. Na verdade, eu nunca nasci para ser um credor hipotecário. Eu detestava aquilo. Números, burocracia, sedentarismo. Aquilo extinguia completamente minha chama interior.

O que eu queria mesmo era ser triatleta profissional. Mas havia alguns obstáculos no caminho do meu sonho. Naquele tempo, eu já dispunha de uma vontade de ferro, mas era lento demais e estava velho demais para me profissionalizar. Além disso, mesmo que eu melhorasse meus tempos, os triatlos não movimentam dinheiro suficiente para pagar as despesas da casa.

Não é um esporte como o circuito de golfe, em que o campeão pode ganhar até 21 milhões de dólares por ano, mais patrocínios, e pelo menos outros duzentos golfistas podem levar uma vida boa. Nos triatlos de longa distância, o campeão masculino fatura menos de meio milhão de dólares por ano e, no feminino, algo em torno de 350 mil dólares. Talvez uma dúzia de homens e outra de mulheres ganhem mais de 100 mil dólares por ano.* E só.

Eu tinha que ser criativo. O pai da Sunny comandava uma ONG que financiava sistemas de retenção e detenção de água no Quênia, e me ofereceu trabalho como captador de fundos. Eu me agarrei àquela chance e descobri que muita gente usa o esporte para angariar dinheiro para filantropia. Eu não sabia nada sobre como organizar um torneio de golfe ou corridas de rua, mas imaginava que poderia aprender como fazer algo do gênero com triatlos. Do nada, telefonei para os responsáveis pelo *Guinness Record Book* e perguntei qual era o recorde mundial de triatlos de longa distância realizados em um ano.

— Vinte — responderam.

Naquela época, eu só havia completado um, mas descobri que não havia um recorde certificado para o maior número de *meio* triatlos num ano. Para mim, fazia todo o sentido começar dali. Inventei uma maneira de angariar fundos para filantropia, consegui doações e patrocínios e completei 22 meios triatlos em 2010, tornando-me assim o recordista mundial nessa categoria, certificado pelo *Guinness*. Tinha sido fisgado.

Eu não fazia ideia de onde a estrada iria me levar, só sabia que queria mais. Dois anos mais tarde — mais forte, durão e esfomeado —, conquistei outro recorde mundial do *Guinness*, dessa vez por trinta triatlos de longa distância completados num único ano, todos em eventos oficiais. No começo da empreitada, meus filhos reclamavam que não conseguiam me ver no meio da multidão à minha volta. Só de brincadeira, comecei a usar um chapéu de caubói, para que eles pudessem me distinguir. As crianças adoraram. Pais são muito bobos e querem fazer de tudo para ver os filhos sorrirem. E assim, corrida após corrida, eu usava o chapéu. Logo fui apelidado

* Thorsten Radde, "The Richest Pro Triathletes of 2022", *Triathlete*, 02/fev/2023, www.triathlete.com/culture/news/the-richest-pro-triathletes-of-2022.

de "Caubói de Ferro". A expressão se espalhou e, desde então, venho sendo chamado assim.

Meu trabalho de *coach* cresceu. Ser detentor de dois recordes mundiais certamente estabeleceu minha credibilidade como treinador. Mas tem muitos treinadores por aí, e eu queria fazer alguma coisa que claramente me destacasse da multidão.

Em 2015, me propus a fazer o impensável: 50 triatlos de longa distância em 50 dias seguidos, em 50 estados. O projeto foi chamado de "50.50.50". Eu comecei no Havaí, completei um triatlo, peguei um avião para o Alasca, terminei mais um, depois fui ao estado de Washington, completei outro, e fui passando de um estado a outro dirigindo um motor home, fazendo um triatlo por dia, até o fim do projeto. Tudo filantropia, e muita gente ajudou, incluindo minha família, Casey e Aaron. Mas as viagens se revelaram um pesadelo de logística.

Nós aprendemos um milhão de coisas no processo, e assim o 50.50.50 mudou nossas vidas, não só em matéria de planejamento e execução, mas também quanto ao futuro. As palestras viraram parte integral de minha vida. Foi como se alguém tivesse me colocado em cima de um cavalo e o chicoteado com força. Empresas da *Fortune 500* começaram a me chamar. Dei palestras na Audi, Red Bull, Nike, McDonald's, Dell, Microsoft, Johnson &

Completando o último triatlo de longa distância dos 50.50.50. Surreal.

Johnson, Procter & Gamble, Toyota. No primeiro ano depois do 50.50.50, falei em oitenta eventos. Nos cinco anos seguintes, a média foi de sessenta por ano. Dei palestras em todos os Estados Unidos e em mais de cinquenta países. Eu me agarrei àquele cavalo com toda a força.

Mas tudo mudou em 11 de março de 2020. A Organização Mundial de Saúde declarou oficialmente que a covid-19 era uma pandemia global. O dr. Anthony Fauci testemunhou no Congresso americano que já havia 647 casos confirmados da doença nos Estados Unidos e que os números iriam piorar muito. Tom Hanks testou positivo para o coronavírus. Enquanto eu voltava para casa num avião, vindo de Atlanta, a NBA suspendeu a temporada inteira. Acordamos no dia seguinte diante de uma realidade totalmente diferente. O mundo inteiro parou.

Por conta da covid, toda a minha agenda de palestras e treinamentos foi por água abaixo. Em quatro dias, toda a minha lista de compromissos virou pó. Todos os eventos, sem exceção, foram cancelados. Foi como se o mundo inteiro tivesse parado para respirar. Como aconteceu com tanta gente, a covid ceifou todas as minhas fontes de renda. O futuro já não parecia mais promissor. Parecia incerto.

Tínhamos de nos adaptar. Felizmente, toda a família pôde se unir. Ficamos quietinhos, nos divertindo com jogos de tabuleiros e assistindo a filmes. Malhávamos juntos na academia que tínhamos em casa.

Um benefício surpreendente da covid foi o dom do silêncio. Quando comecei a repensar a vida, o isolamento mostrou que eu havia ficado indolente. Depois do 50.50.50, tinha parado de me desafiar. Falava em eventos, mas eu mesmo estava fora de forma. Era muito tempo na estrada e pouco tempo com a família. Nos cinco anos que se passaram, minha vida ficara desequilibrada.

Foi então que percebi uma verdade importante: nós nunca estamos parados. Ou progredimos, ou ficamos para trás. Eu sabia que precisava de uma nova meta. Uma que unisse a família e fizesse todos evoluir. Eu tinha que criar um desconforto deliberado na minha vida para poder continuar crescendo. Eu já sabia que superar obstáculos nos mantém afiados e produz as transformações mais significativas. Mas que obstáculo serviria como o próximo desafio?

Pensei em correr sessenta triatlos, talvez até 75. Ou você vai para a frente, ou vai para trás. Mas 75 não me parecia ser suficientemente assustador. Não. A única escolha era mirar alto. Tinha que topar um desafio que mandasse meu cérebro para o espaço.

Eu teria que fazer cem.

Você sente como se estivesse estagnado? Pois não está. Ou você está indo para a frente, ou para trás. Ou está se aperfeiçoando, ou virando um tiozão do sofá. Se quiser que alguma coisa seja diferente, faça alguma coisa diferente. Pegar o caminho menos difícil significa perder oportunidades de se tornar mentalmente mais forte.

VONTADE DE FERRO: Não importa se você já tentou alguma coisa e não deu certo. Bater de frente num muro — ou chegar no fundo do poço — pode ser o maior presente que você já recebeu na vida. Um tipo diferente de motivação aparece quando você está desesperado, quando anseia por uma mudança. Essa é a sua chance de mudar de rota. Você não tem mais para onde ir, a não ser para cima. Sua nova direção é para a frente.

Se não souber o que fazer, comece pelo silêncio. Pode parecer contraintuitivo, mas uma mudança de ritmo lhe dá uma margem para se reassentar. Em silêncio, sonhe o mais alto que puder. Um sonho tão grande que chegue a dar arrepios. E então parta para o próximo passo.

A parte final do 17º Dia da Conquista dos 100 transcorre na mais absoluta agonia. É Dia de São Patrício e, de manhã, eu e Aaron pintamos a barba de verde só por diversão. Casey não usa barba, então pintou apenas a parte de baixo do rosto. Lucy veste um suéter verde, um chapéu verde e batom verde enquanto posta nas redes sociais.

Tento me manter positivo, especialmente quando tem uma câmera filmando, ou pessoas na estrada me apoiando. Quero me concentrar na bondade da comunidade. A natação e o ciclismo vão bem, e não tem quase uma nuvem no céu. Provavelmente é o dia com o melhor tempo desde que comecei. Mas a corrida é uma tortura. Volto a andar rápido na maratona, mas, por dentro, estou gritando. As coxas, as tíbias e os tornozelos doem tanto que eu mal consigo suportar. No fim do dia, estou mancando e desmoronando, tão exaurido que tudo o que eu consigo fazer é me lembrar da oração de Sunny. Vamos precisar de um milagre.

Andando rápido na maratona do Dia de São Patrício. Todo mundo tenta me animar se vestindo de verde, mas no fim do dia estou um caco.
(*Matthew Norton*)

No 18º Dia, uma mulher que eu não conheço emparelha de bicicleta comigo durante essa etapa. Tudo bem. Pessoas que não conheço estão começando a aparecer e nos acompanhar por uma parte do caminho. Ou correm os últimos 8km comigo. Ela diz que se chama Bri (pronunciado como "brai") e é uma ciclista forte e séria. Começamos a conversar. Ela percebe que nem tudo está indo bem e, com cuidado, faz algumas perguntas. Depois ela sugere:

— Deixe eu falar com o meu marido. Ele é cirurgião ortopedista, especializado em cirurgias do tornozelo e do pé. Ele trata disso todos os dias.

Depois que eu começo a maratona, Dan, marido da Bri, vem pedalando e encosta ao meu lado, para podermos conversar. Dan tem cerca de 45 anos e, por vinte anos, participou de provas de ciclismo de maneira semiprofissional. Ele pede para que eu descreva os sintomas, então sacode a cabeça.

— Lamento, James, mas todas as respostas que eu tenho para lesões crônicas e estresse crônico não vão funcionar no seu caso. Todas envolvem descanso e o uso de uma grande bota ortopédica rígida.

Uma imagem passa em minha cabeça. Estou correndo o restante das minhas maratonas com uma grande bota ortopédica. Eu quase rio. Provavelmente isso desalinharia meus quadris e minha coluna, e levaria a todo tipo de problema. Mas as pernas doem tanto que as tais botas começam a parecer um bom plano.

Ele pigarreia um pouco.

— Deixa eu botar a cabeça para funcionar. Tem um apoio que nós usamos em pacientes com artrite ou problemas crônicos no tendão de Aquiles. Trata-se de uma órtese para tornozelo e pé. Nunca foi usada para o que você está fazendo, e não é uma bota. Ela precisa de muitos ajustes, e eu não sei como vamos fazê-los, já que você está sempre em movimento.

Estou desesperado, disposto a tentar qualquer coisa. Isso pode fazer toda a diferença entre o sucesso e o fracasso do empreendimento. Se eu não conseguir aliviar a dor, não vai dar para chegar até o fim. Será que vai dar certo?

3

O QUE VOCÊ DIZ PARA SI MESMO FAZ DIFERENÇA

Não é como se eu pudesse encomendar órteses sob medida pela internet para serem entregues no dia seguinte. Dizem que elas chegarão em breve. Enquanto isso, vou me agarrando à esperança de que vão me trazer algum alívio. Qualquer coisa será melhor do que a agonia que venho experimentando nas pernas. Depois de quase 17 horas em movimento, termino o triatlo do 18º Dia. Mais tarde, na mesa de massagem, decido que, independentemente de quanto tempo a entrega demorar, vou continuar a colocar um pé na frente do outro e tentar lidar com a dor da melhor maneira possível.

A vida pode ser assim mesmo.

VONTADE DE FERRO: Enquanto espera por uma solução, você tem que ir em frente. Tenha paciência. Continue na luta. Não abandone o caminho. A vida vira um caos se você tentar adivinhar o que deve fazer hoje — e também os dez passos seguintes. Não é preciso planejar tudo de uma vez. Enquanto isso, diga a si mesmo que não vai desistir. Você consegue. Até as mensagens positivas mais simples podem ajudá-lo a seguir em frente.

Em 2012, quando eu tentava quebrar o recorde de completar trinta triatlos de longa distância em um ano, conheci o Dayton, um garoto de 13 anos com paralisia cerebral. Não conseguia nem andar, mas sonhava em competir num triatlo de longa distância, de modo que planejamos fazer um juntos, no lago Havasu. Eu estava nervoso. Até aquele dia, eu nunca tinha competido em dupla (desde então, é uma das minhas atividades favoritas). Logo antes da natação, o pai do Dayton trouxe um bote inflável, se aproximou de mim e cochichou:

— Não quero te deixar preocupado, mas ele pode ter uma convulsão. Se tiver, continue nadando.

Antes que eu pudesse responder qualquer coisa, foi dado o tiro de largada.

E eu pensei: *Muito bem, eu tenho um milhão de perguntas a fazer, mas nenhuma resposta.* Peguei a corda, enrolei em volta da cintura e caí na água. Apavorado, vivia olhando para trás para ver como estava o Dayton. Será que ele estava bem? Eu saberia o que fazer, o que quer que acontecesse? Transcorrido um quarto da prova de natação, percebi que os olhos dele estavam fechados.

Ele estava dormindo!

O Dayton era um gênio. Sabia o quanto aquele dia seria um dia difícil para nós, e estava aproveitando qualquer oportunidade para relaxar. Disse a mim mesmo que deveria aprender com ele. A única coisa que eu podia controlar naquele momento era a força das minhas braçadas, e era nisso que eu tinha que me concentrar. Com que velocidade eu conseguiria chegar, com segurança, até a margem?

VONTADE DE FERRO: Você já se viu preocupado com uma situação que está muito distante no futuro? Talvez ela nem aconteça, mas você acaba lhe dedicando toda sua atenção e energia? A ansiedade com o futuro lhe distrai da excelência no presente. Concentre-se no próximo passo, mesmo que pequeno. Encha-se de fé e convicção. Aguente firme. Diga a si mesmo para continuar. À medida que for caminhando, a estrada vai ficando mais clara.

* * *

No 19º Dia, ainda no escuro, antes do alvorecer, Sunny me leva até a piscina, me abraça, e me diz para continuar batalhando. São 5h30 da manhã e eu visto o macacão aquático de novo. Avalio como estou me sentindo. Percebo, deliberadamente, cada respiração de meus pulmões, o atrito da água contra as pontas dos dedos, a transformação de cada braçada e de cada batida de perna em um impulso para a frente. Dou uma olhadela para Sunny, sentada numa cadeira fria, no fim da piscina, prancheta e cronômetro na mão, contando as voltas.

Relaxo mentalmente e mando mensagens positivas para as tíbias, preparando-me para a agonia do que tenho pela frente. Essa técnica pode parecer estranha, mas acredito piamente no poder das conversas positivas. Enquanto nado, eu falo para as partes doloridas do corpo:

— Ei, tíbias. Preciso que vocês façam parte da equipe.

A experiência me ensinou um conceito muito simples. As coisas que dizemos a nós mesmos, boas ou ruins, podem realmente acontecer, especialmente se a mensagem for reforçada. Se acordarmos resmungando e dissermos a nós mesmos que o dia vai ser horrível, o resultado já está garantido. Se deixarmos nossos filhos dizerem "não consigo" diante de alguma coisa difícil, isso quer dizer que a decisão já foi tomada. Eles não vão conseguir.

— Ei, tíbias — sussurro. — Vai dar tudo certo hoje. Podemos superar isso.

Há muito tempo aprendi a reverter a negatividade, convencendo o cérebro e o corpo a tender para o positivo. Quanto mais eu digo a mim mesmo que vou ter êxito durante um triatlo (ou diante de qualquer obstáculo), mais estou praticando a boa psicologia. As palavras dão um jeito de penetrar na pele.

— Ei, tíbias, vocês são fundamentais nessa jornada. Precisamos trabalhar juntos hoje.

Na piscina, a dor é mínima, a não ser pelas cãibras nas pernas e nos glúteos, e eu tenho que superar esse desconforto. Uma braçada, uma batida de perna. Uma volta na piscina de cada vez.

Quando termino e saio da piscina escorrendo água, parece que as tíbias me ouviram. Estão a fim de cooperar.

Ainda assim, espero que a órtese chegue logo.

Pedalo forte na bicicleta quando parto para dar uma volta em sentido horário em torno do lago Utah, onde cada pedalada é uma pequena vitória. Mantenho os olhos fixos na estrada à frente, embora não possa deixar de perceber que o dia está maravilhoso, frio, com um céu azul claro. No horizonte, montanhas distantes se erguem para o céu. Fora da cidade, nada chega aos meus ouvidos, a não ser o sopro do vento e o barulho das mudanças de marcha. Em longas distâncias, meus sentidos são ocupados pelos montes à minha volta e pelo constante movimento das pernas. Vegetação rasteira na altura do joelho, marrom e incolor, se estende pela beira da estrada. A primavera ainda não tocou a vegetação. Mas o tempo está cooperando hoje, proporcionando um vento perfeito. Estamos absolutamente dentro do ritmo programado para a corrida.

Um grupo de 18 pessoas pedala comigo num pelotão (nome que se dá a um coletivo de ciclistas bem agrupado, na estrada ou numa corrida). Avançamos roda com roda para permitir o vácuo, zunindo em velocidades de até 40km/h. O ciclista da frente vai abrindo caminho no vento, para que os outros venham na esteira. Nas redes sociais, nós comunicamos nossos motivos para permitir o aproveitamento do vácuo. Alguns triatlos permitem; outros, não. Por exemplo, nos triatlos oficiais certificados pela USA Triathlon, a entidade nacional que administra o esporte nos Estados Unidos, a prática não é permitida. Mas nas Olimpíadas é. Assim como no *Guinness* para triatlos consecutivos. O aproveitamento do vácuo reduz a resistência do vento e permite que os ciclistas que venham atrás conservem energia.

Para nós, a importância maior da Conquista dos 100 não é a glória de uma única pessoa — ainda que meu nome receba muitos holofotes. A importância é comunicar os enormes objetivos que buscamos atingir; que obstáculos imensos, e aparentemente intransponíveis, podem ser vencidos;

que todos nós podemos fazer muito mais do que imaginamos. O aproveitamento do vácuo permite que mais pessoas se unam a nós, e apreciamos isso, porque nossa empreitada é uma celebração da comunidade. Estamos levantando fundos para filantropia, portanto quanto mais pessoas aparecerem, melhor.

Hoje não conheço todo mundo que me acompanha. A história está se espalhando no universo dos ciclistas, e eles aparecem para ajudar do jeito que podem. Com o trajeto quase completo, Aaron me conduz para casa, abrindo caminho na linha de frente. O tempo todo estou me sentindo bem. Terminada a etapa de ciclismo, percebo que andamos tão rápido que acabei de estabelecer um recorde pessoal (RP) para o trajeto, que completei em 6h39min02s. Isso deixa a todos muito feliz.

O trajeto de bike foi montado de maneira que eu possa voltar para casa quando ele termina. Lá, posso trocar de roupa e comer, e dar um alô para a família. Em geral, um monte de gente entra na casa e, se o percurso foi bom, o astral é ótimo. Primeiro a entrar pela porta da frente, Aaron vai direto para um grande saco de balinhas de goma, ergue-o sobre a cabeça e despeja um monte na boca. As balinhas se espalham pelo chão.

— É assim que você se recarrega depois de uma longa corrida. — Ele diz com uma risada.

Em pouquíssimo tempo, já estou de volta à rua, andando rápido na maratona. Dezessete quilômetros e meio são cumpridos sem problemas, mas, no 18º, minhas tíbias rompem o nosso acordo. A dor vai crescendo sem avisar e a agonia beira o limite do insuportável. Tento falar as mesmas palavras positivas, mas a empreitada é uma montanha russa tão grande de emoções e sensações físicas que eu luto para juntar as palavras no cérebro. Não é só o fato de as tíbias estarem doendo. Os pés estão cheios de bolhas. Várias unhas enegreceram e caíram. Os quadris e os ombros estão doloridos de tanto que são exigidos. A boca está com candidíase, uma infecção fúngica que surgiu porque eu estou exaurindo o sistema imunológico. Os lábios estão inchados e cheios de bolhas por causa do sol de inverno, rachados e sangrando por causa do vento gelado.

"Vá em frente", digo para mim. "Você consegue aguentar a dor."

Nos últimos quilômetros, o máximo que eu consigo é mancar. Casey fica me vigiando, caso eu volte a desmaiar e cair. Cada passo é um pesadelo, mas eu termino, todo trêmulo. Só quero ficar no chuveiro, comer, ser massageado e fechar os olhos para encerrar o dia.

Em casa, Sunny me cumprimenta. Ela veste um moletom com a inscrição BE HAPPY. Olho para ela meio ressabiado, manco até a mesa de massagem e desabo. A dor vai até o teto e mais um pouco.

Alguém me traz um prato de comida, enquanto Haydn e Felisha começam a trabalhar no meu corpo. Eu como e deixo os pensamentos fluírem. Às vezes, quando me concentro na minha esposa incrível, fico impressionado. Fico só olhando para ela, maravilhado. Apesar de todas as tarefas na Conquista dos 100, Sunny continua a tomar conta da casa. Nossos cinco filhos estão na escola. Ainda faltam três meses para as férias de verão. Há festas de aniversário, consultas com o dentista, aulas de música e treinos de atletismo aos quais levar as crianças. Sunny dá palestras em vários eventos, portanto está sempre tendo que lidar com uma agenda apertada. Nossa casa virou um espaço público. Uma equipe de filmagem entra e sai o tempo todo, gravando cada momento da Conquista dos 100. E ainda é preciso limpar as balas que caem no chão. Nas redes sociais, ela é criticada por pessoas que acreditam que está sob meu controle. Perguntam abertamente por que ela não vive os sonhos *dela* — só os *meus*.

Sunny me conhece mais profunda e intimamente do que qualquer outra pessoa. Há muito tempo ela encontrou o equilíbrio ao me oferecer incentivos suaves e amor sem meias palavras. Ela se esforça para comunicar nas redes sociais que também está vivendo seu sonho. Estamos juntos nessa empreitada, e meu trabalho dá a ela a liberdade de ser mãe e minha parceira de negócios, duas coisas que adora. É claro que nem todos os momentos de todos os dias são de alegria. Alguns são mais difíceis do que outros, e mais de uma vez ao longo deste enorme esforço atlético, quando eu tenho certeza de que cheguei no limite e estou pronto para desistir, ela manda eu me levantar e continuar na batalha. Só posso imaginar que tipo de força e sabedoria ela consegue acionar. Sua força me ajudou a passar por tantas dificuldades e, quando estou por baixo, ela é a única pessoa na Terra que sabe exatamente o que fazer.

Olho fixamente para a inscrição no moletom. A mensagem positiva.

BE HAPPY.

— James — ela diz —, não é coincidência eu estar vestindo esse moletom. Hoje o dia pode ter sido ruim, mas o sol vai voltar a nascer amanhã. Não desista. Continue lutando.

Nós dois tentamos sorrir.

Deixe seu círculo íntimo proteger você da negatividade. Quando você está dando tudo de si, colocando o coração e a alma na busca dos seus sonhos, é muito fácil que um único comentário negativo lhe desvie do caminho. E, de repente, aquela única voz negativa se sobrepõe a tudo o que é positivo em sua vida.

VONTADE DE FERRO: Você não precisa dar poder a vozes negativas, especialmente aquelas que vêm dos eternos pessimistas. Você tem o poder para criar seu destino.

Sozinho, o pensamento positivo não fará você ganhar uma corrida. Você tem que trabalhar todo dia com honestidade, integridade e boa vontade para fazer o que for preciso. Mas o pensamento positivo ajuda. Receba-o de onde ele vier. Mesmo que seja de uma inscrição num moletom.

Naquela noite, depois que a equipe junta os meus cacos, feliz com meu êxito no ciclismo, parto cedo para a cama e consigo dormir por cinco horas e 45 minutos, meia hora a mais que na noite anterior. Quando acordo na manhã seguinte, conto esse tempo extra de sono como mais uma pequena vitória.

Mesmo assim, espero que a tal da órtese chegue logo.

* * *

No 20º Dia, as etapas de natação e ciclismo vão bem, mas no fim da tarde chove forte e faz muito frio. A neve cobre o topo das montanhas à nossa volta. Mais uma vez, a maratona é uma agonia, e eu mergulho fundo naquilo que chamo de caverna da dor, bloqueando tudo o mais que não permita que eu me concentre em dar o próximo passo. A mente parece girar para todos os lados. Eu luto para baixar meu nível de pânico. Minha mente está desesperada para fugir de uma realidade que não me dá trégua. A chuva deixou o percurso escorregadio, e, enquanto caminho rápido, carrego um enorme guarda-chuva preto, muito usado por golfistas, que alguém me deu. Faço uma careta de desconforto e me pergunto se devo tentar correr pelo menos um pouco, durante um tempo. Mas até esse pensamento me assusta, porque se a minha dor progredir mais um pouco, eu não vou saber o que fazer. Pelo menos desse jeito ainda estou me movimentando, indo em frente.

Chegando perto da metade da maratona, reúno toda a coragem que consigo e começo a correr. Numa escala de um a dez, a dor desce de 20 para 17 e eu realmente tenho a sensação de que é melhor correr, pelo menos temporariamente. Mas aí a dor sobe a 20 de novo. Depois 21. Eu mudo o ritmo para uma caminhada rápida, mas a dor não para de avançar: 22, 23, 24… Mais do que em qualquer momento anterior. Grossas agulhas em brasa, em um trajeto ascendente, perfuram, como que por marteladas, os ossos da minha perna, que estão para se arrebentar, quebradiços. Rasgando nervos e tendões. Minha visão fica turva. Percebo que Casey está bem ao meu lado, dizendo "Vamos em frente!" Talvez ele tenha me trazido de volta do abismo. A confusão é total. A dor arrefece um pouco, de volta ao infeliz grau 20, e eu decido continuar a andar rápido. Paro de tentar correr, pelo menos por enquanto.

A chuva forte se transforma em neve, mesmo em baixa altitude. Seguimos em frente. Flocos grossos e úmidos caem à minha volta, deixando a trilha branca e escorregadia. A neve continua até eu chegar ao km 26, e então ela para de cair. Fico grato por este pequeno alívio. Vou mancando de volta para casa, concluindo a maratona. Estou com frio, todo molhado e lutando contra a depressão, mas terminei mais um triatlo. Estamos aqui para aguentar.

Imagino a órtese chegando em breve — ou será que tudo não passou de um sonho?

No 21º Dia, a natação corre sem problemas, mas, na etapa do ciclismo, volta a nevar. Hoje só tem nove pessoas pedalando com a gente. As árvores ao lado da estrada parecem velhinhos alquebrados, de barba branca. Pedalo com uma bandana que cobre a metade inferior do rosto, servindo de barreira para a minha boca e meus lábios. Com o vento frio soprando, a temperatura é de apenas dois graus.

Sinto como se estivesse congelando pelo percurso inteiro e, quando termino, me cubro com mais uma camada de roupas e parto para a maratona, mas não estou mais aquecido. A dor aparece quase que imediatamente. Eu recuso a dizer a mim mesmo que tenho mais 42km pela frente. Tiro isso da cabeça e continuo a colocar um pé na frente do outro. Passam-se os quilômetros, um depois do outro. E aí, no auge da dor... acontece a mágica!

As órteses chegam.

Um médico traz os itens até mim na trilha do canal Murdock. Faço uma pausa, animado com tantas possibilidades, e ele me dá os detalhes. No começo, procuro experimentar só uma, na perna esquerda, que está pior que a direita. Se ajudar, então vamos tentar nas duas tíbias.

As órteses parecem uma longa haste que vai do joelho até a sola do pé. Uma alça é presa em volta do joelho e uma palmilha fica embaixo do pé. Basicamente, a órtese alivia a carga da tíbia — é o que o médico explica — e permite que o suporte assuma o peso do corpo. Nunca antes alguém utilizou órteses num triatlo, mas ele espera que elas ajudem a tíbia a melhorar, mesmo que eu esteja em movimento. As órteses vão exigir uma série de ajustes, para se adequarem melhor à minha perna, mas não há horas suficientes no dia para eu ir ao consultório médico, especialmente se forem necessárias várias consultas. Por isso, o médico designou uma equipe ortopédica que fará os ajustes durante o percurso, a cada 3km.

Nosso plano de ação é bastante simples. O trajeto da maratona da Conquista dos 100 é o mesmo todo dia. O início de uma seção da trilha Murdock fica a um quarteirão da minha casa, de modo que toda a tarde, depois do ciclismo, Sunny me leva de carro até o início da trilha. Lá tem um pequeno estacionamento com banheiros públicos, e as distâncias na trilha são marcadas a cada 400m. O trajeto foi planejado de modo que eu possa correr 5,5km para o sul, fazer meia volta e tornar ao ponto de partida, correr mais 5,5km para o norte, virar de novo e retornar ao início. Atravessamos esse mesmo caminho, para cima e para baixo, pelo tempo restante da maratona, embora, no fim do dia, eu faça um pequeno desvio da trilha Murdock e desça o morro até um parque na vizinhança, com mais espaço para o público. Nós já sabíamos que, a cada dia que a maratona avançasse, mais e mais pessoas iriam querer se juntar a nós. A chegada no parque dá mais espaço para a festa de todo mundo.

Regularmente, passamos por um cruzamento onde a trilha atravessa uma rua da cidade. É aí que o Dan e as duas pessoas da equipe, Russ e Eric, me encontram e ajustam as órteses. Na primeira vez, quando eu paro de andar rápido, Russ me pergunta:

— Onde é que dói?

Aponto para os locais mais doloridos da tíbia e eles marcam os pontos na órtese. Eu a retiro e continuo andando rápido, enquanto a equipe leva a órtese para a traseira da camionete e vai fazendo os acertos no caminho. Depois se dirigem ao próximo cruzamento, onde voltamos a nos encontrar. Russ faz a mesma pergunta.

— Está doendo aqui, aqui e aqui — respondo.

Eles tentam palmilhas diferentes, alças diferentes. Repetimos esse processo inúmeras vezes, no percurso da maratona, até que eu passo a ter poucos motivos de inquietação, pelo menos por enquanto. Mesmo com tudo isso, as órteses parecem não ajudar muito.

Mesmo com a decepção inicial, procuro me concentrar no presente. No movimento constante da maratona, até mesmo no cenário. O trajeto em si é o sonho de qualquer maratonista: nem muito íngreme, nem muito acidentado. Em sua maior parte, a rota passa por bairros tranquilos. Nesse dia, olho principalmente para os quintais das pessoas. As casas do bairro já estão prontas, com terrenos de pelo menos 2.000m. Vejo padoques de cavalos, galinheiros e pula-pulas. À distância, olho rápido para o lago Utah, os magníficos montes Timpanogos e a reserva natural de Lone Peak. A vista entre a trilha e o horizonte é pontilhada pelas torres das igrejas. A trilha asfaltada tem a largura aproximada de um carro e foi construída sobre um canal de irrigação, com uma tubulação que passa por baixo e asfalto colocado em cima. Com a construção da nova represa, os planejadores urbanos esperam que a água possa ser administrada de maneira mais eficiente.

A vista é magnífica e, enquanto os quilômetros vão passando, a dor parece diminuir. Começo a me sentir mais otimista. Mas, faltando 13km, a situação começa a desmoronar. A região da tíbia fica inchada e a dor volta a ficar fortíssima. Volto a andar rápido e os quilômetros que faltam vão passando, mas, faltando apenas 800m, tudo fica escuro, eu desmaio e Casey me segura. As coisas podem mudar rapidamente durante um triatlo. Casey me põe de pé e diz "Vamos em frente!", e eu continuo andando. Cruzo a linha de chegada, mas estou sofrendo. Está claro que mais ajustes serão necessários, e ainda tenho dúvidas se o tal item realmente vai ajudar. Enquanto me encaminho para o chuveiro, mais comida e depois a mesa de massagem, tento falar mais algumas frases positivas.

— Só porque o dia foi ruim — murmuro para mim —, isso não quer dizer que amanhã também vai ser. Amanhã pode ser maravilhoso, James. É impressionante como um dia pode ser diferente do outro. Não se pode julgar uma viagem inteira por causa de um momento.

VONTADE DE FERRO: Você provavelmente já deve ter visto que a vida traz muitas oportunidades para testar nossos limites. Mas o maior limite para a grandeza é dizer a si mesmo: "Eu não consigo."

Voltando à corrida com o Dayton. Quando o tirei da água, estávamos no meio do grupo. Sentíamo-nos muito bem. O pai do Dayton nos recebeu com o carrinho, oitenta quilos de puro aço norte-americano. Nós o engatamos à bike e, assim que pegamos velocidade, podíamos voar. Em linha reta, dava para chegar a 44km/h. Olhei para trás e vi um largo sorriso no rosto de Dayton.

Infelizmente, no km 50, o carrinho do Dayton começou a sacolejar demais e a se arrastar. Não dava para consertar. Caímos de 44km/h para apenas sete, mesmo eu dando tudo que podia. Aquela foi a prova de ciclismo mais difícil da minha vida. Cada pedalada doía. Continuei com as frases positivas circulando na cabeça. Dizia para mim mesmo: *O Dayton não consegue andar de bicicleta, mas eu consigo.* Fiquei repetindo essa frase inúmeras vezes. *Eu tenho que fazer essa bicicleta andar. Eu tenho que fazê-la andar.* Mesmo assim, quando eu olhava para trás, Dayton parecia derrotado. Ele sabia. Estávamos indo devagar demais. Eu fazia várias contas, mas a intuição dele estava certa. Não íamos passar pelo ponto de corte.

Sunny montou em sua bicicleta e veio me passar alguns incentivos. Minha mulher é uma caixinha de surpresas. Ela ora por milagres regularmente e manifesta em sua mente o que deseja que aconteça. Ela esticou a mão e a pousou na traseira do carrinho do Dayton. O sacolejo acabou. Consegui aumentar a cadência e a velocidade dobrou. Gritei para ela:

— Sunny, quanto tempo você consegue ficar com a mão aí?

— O tempo que precisar.

Nós fomos puxando e empurrando o Dayton pelas montanhas até o sol desaparecer e o céu ficar escuro, mas não adiantou. Finalmente, o diretor da prova veio até nós e disse:

— Eu odeio fazer isso, mas não é mais seguro vocês continuarem. A corrida acabou para vocês.

Ficamos arrasados.

Nesse instante, um policial veio até nós com a sirene rodando e falou:

— Sigam-me.

Foi mais um milagre. O diretor da prova permitiu e Dayton e eu terminamos a corrida com a escolta policial. Ficamos disparados em último.

Coloquei o menino em outro carrinho — este feito para ser empurrado — e partimos para a maratona. O cronômetro estava correndo. Para não sermos desclassificados, eu teria que correr a melhor maratona da minha vida. Esforcei-me até o limite — com força. Juntos, éramos uma máquina. Eu estava agonizando, mas mantive os pensamentos positivos, repetindo-os mentalmente inúmeras vezes: *Eu tenho que correr muito essa noite. Tenho que correr* muito *essa noite.*

Vinte e quatro minutos antes do tempo de desclassificação, cruzamos a linha de chegada. Uma vitória!

Dayton recebeu uma medalha por ter completado seu primeiro triatlo de longa distância.

VONTADE DE FERRO: A grandeza se mede pela sua capacidade de ultrapassar os próprios limites. Na próxima vez que achar que não consegue fazer alguma coisa, transforme-se numa fonte de positividade. Diga a si mesmo que o espírito humano não tem limites. Você pode lidar com a dor e o desconforto. Você é muito mais forte do que imagina.

Eu e Dayton em 2012.

* * *

No dia seguinte, a equipe das órteses continuou fazendo os ajustes pelo caminho. Às vezes, faziam uma chamada de vídeo com o Haydn, meu preparador físico capacitadíssimo e que conhece meu corpo muito bem. Ventos fortes e frios nos atingem na maior parte do dia. Eu luto com a decepção que sinto pelas órteses e mantenho os pensamentos positivos fluindo, lembrando a mim mesmo de que preciso ter paciência, mesmo quando uma solução está logo à mão. Continuo andando rápido. A equipe continua com os ajustes.

Quilômetro após quilômetro após quilômetro.

E então, gradativamente, misericordiosamente, enquanto continuo a lutar, a órtese começa a se adequar à minha perna. A dor vai diminuindo... diminuindo... e diminuindo. A dor cai de vinte para dez, cinco, quatro.

O alívio é quase inacreditável.

Nos últimos 3km, sinto-me como se fosse um novo homem. Ainda não estou correndo, mas o alívio toma conta de meu corpo. Sinto que posso relaxar.

A órtese está funcionando.

Completo a maratona com um sorriso no rosto. No caminho para o chuveiro, digo a mim mesmo que, se tudo correr bem, e se eu puder continuar a utilizar o apoio e andar rápido, vou acabar chegando ao 100º Dia.

Sunny me recebe dentro de casa e eu abro um amplo sorriso e conto do novo sucesso. Ela me dá um grande abraço. Se as coisas continuarem assim, pelo menos por enquanto, a crise da tíbia terá sido resolvida. As órteses ainda terão que ser testadas no longo prazo, mas pela primeira vez em muito tempo estamos fortemente esperançosos. Sentimos como se realmente estivéssemos fazendo o impossível se tornar possível.

A órtese cumpre sua função. E eu estou me sentindo triunfante.
(*Matthew Norton*)

4

UMA CESTA DE PORQUÊS

No dia seguinte, eu acordo de manhã e me lembro de uma verdade simples. A enorme dor que eu senti nas tíbias não me matou. Este único fato, aparentemente tão elementar, põe um sorriso em meu rosto enquanto me encaminho para a piscina.

Estou vivo.

Para entender por que algo assim tão simples me faz sorrir, você tem que entender que, enquanto eu planejava a Conquista dos 100, todos os médicos que eu consultei me disseram de cara que era impossível. Não diziam apenas que era um plano idiota. Ou que eles apenas desaconselhassem. Estavam todos absolutamente convictos de que eu ia morrer.

Levei tudo na esportiva. A essa altura, na minha vida de atleta, eu havia aprendido a caminhar cuidadosamente na corda bamba entre respeitar a indústria da medicina e ao mesmo tempo ignorá-la. Seis anos antes, quando eu planejava o projeto 50.50.50, todos os médicos com quem eu tinha falado me disseram que 50 triatlos de longa distância em 50 dias consecutivos era algo inconcebível. Mas havia outra voz mais forte e mais convincente que eu escutei, uma bem mais difícil de ignorar, que insistia que a Conquista dos 100 era possível.

A minha.

E eu apostei em mim mesmo e na minha equipe.

É claro que o 50.50.50 foi extremamente difícil. A empreitada me torturou de um modo muito além do que eu poderia ter imaginado. Muitas vezes me deixou de joelhos. Mas nunca me destruiu. O fato é que ela me brindou — e também à comunidade médica — com uma grande surpresa. Lembro-me dessa surpresa enquanto nado hoje de manhã. Nos meses que se seguiram ao 50.50.50, eu me debrucei sobre os números. Outros já haviam se debruçado. Seria de se imaginar que, à medida que eu fosse ficando cada vez mais exausto, o ritmo diminuiria. Mas os dados contaram uma história diferente.

Em vez de me tornar gradativamente mais lento e mais fraco, eu acabei aumentando o ritmo. Os vinte últimos triatlos foram mais rápidos que os primeiros trinta, e o mais rápido de todo o evento foi exatamente o último, de número cinquenta. Eu o completei em 11h32min — cerca de 45 minutos mais rápido do que a média de um triatleta de 39 anos*, que era minha idade na época. Os números disseram algo importante.

VONTADE DE FERRO: Às vezes, quando você pensa que está no pior momento, você está, ao contrário, ficando mais forte. Todas as dificuldades pelas quais você está passando estão cumprindo sua função. A dor está abrindo portas de novas áreas espaçosas dentro de você. Seu corpo e espírito estão sendo ajustados para se tornarem algo *muito* melhor.

E se tudo o que você precisar fazer for mudar apenas uma coisa? Seu ponto de vista. Imagine como seria sua vida se você visse o mundo de uma maneira diferente. Se em vez de ver os desafios como obstáculos, você passasse a vê-los como oportunidades. Se em vez de se ver como vítima, você decidisse se ver como criador do seu próprio destino. Em vez de ver a

* Clément, "Average Ironman Time Per Age Group and Gender", *My Tri World*, 27/fev/2023, https://mytriworld.com/ironman-time.

dificuldade como uma adversária que quer destruir você, passe a vê-la como uma catalisadora feita para refiná-lo e afiá-lo. Em vez de ver a vida ficar pior, você passa a se ver ficando mais inteligente, mais sábio e mais forte. Suportar as dificuldades pode torná-lo melhor. Pode melhorar sua vida.

Mude seu ponto de vista.

Mude sua vida.

Enquanto vou pedalando, lembro-me das inúmeras razões pelas quais estou fazendo a Conquista dos 100. Repasso-as de novo, como quem decora uma peça de teatro ou a letra de uma música. Claro que estamos fazendo isso por caridade. E pelo meu trabalho. Para capacitar outras pessoas, para que elas possam ver seus obstáculos e encontrar a coragem para ir em frente. Todos esses "porquês" são importantes. Mas tem mais.

Quando completo o ciclismo e parto para a maratona, agarro-me a uma das maiores razões: dessa vez, eu *não quero* deixar nenhuma dúvida no ar. *Nenhuma* dúvida.

Veja só: no 19º Dia do 50.50.50, uma tempestade se aproximava. A previsão não era de que o tempo estaria só "ruim". Ao chegarmos ao estado do Mississippi, painéis eletrônicos avisavam literalmente: PLANEJE-SE. ALERTA DE PERIGO EXTREMO. Além disso, outro tipo de tempestade estava se desenhando. Quando uma enfermeira me examinou na estrada e perguntou "O que você tem?", minha lista de problemas físicos era tão grande que eu não sabia nem por onde começar. Meu ombro direito estava tão desgastado que eu nadava com um braço só. As panturrilhas estavam esgotadas. Minha perna estava arranhada e ensanguentada de um tombo que levei de bike no Tennessee, e a equipe temia que eu tivesse sofrido uma lesão no quadril. O segundo dedo do meu pé esquerdo estava destruído e muito infeccionado. As bolhas eram tantas que um médico declarou que os nervos daquele dedo tinham morrido. Minha língua estava cor de sangue, coberta de uma camada branca, um efeito colateral indesejado de tanto comer frutas. Minha mente estava tão exausta que a memória estava se apagando. Eu podia falar com alguém, mas uma hora mais tarde era incapaz de reconhecer a mesma pessoa. Mais de um médico insistiu para que eu abandonasse o desafio.

E agora a chuva e o vento estavam chegando. Tomei uma decisão numa fração de segundos que afetaria minha psique por muitos anos. Meu técnico falou para eu correr uma parte da maratona num ambiente fechado. Era muito perigoso do lado de fora. Os raios estavam despejando enormes cargas de eletricidade na terra e maratonas podem ser corridas em ambiente fechado. Mas, para dar um refresco ao meu corpo mais do que desgastado, ele também me disse para correr numa esteira. Eu ainda tinha 27,3km pela frente. Pedi a opinião de Sunny.

— Não é uma boa ideia — disse ela. — Correr numa esteira não faz parte do triatlo como esporte, e você anunciou para o público que completaria 50 triatlos de longa distância em 50 dias.

— Eu sei. Mas parece que é a decisão correta a tomar.

Éramos muito transparentes em tudo o que fazíamos. Essa parte do dia foi documentada nas redes sociais. No dia seguinte, dei uma olhada no celular. As pessoas estavam me chamando de mentiroso e trapaceiro. Insistiam que correr numa esteira não era uma corrida de verdade. Em todo o resto do 50.50.50, nunca mais dei um passo sequer numa esteira. Mesmo assim, um ano depois, tinha gente que ainda fazia comentários sarcásticos.

Eu não devia ter permitido que aquilo me afetasse. Completar o 50.50.50 continuou a ser um feito gigantesco. Mas uma única decisão lançou uma sombra sobre toda a empreitada. Voltei a ela umas mil vezes, na minha cabeça. Trabalhar tão duro e por tanto tempo, superar tantas coisas, só para ver certas pessoas colocarem em dúvida todo o meu esforço por trás do anonimato da internet — aquilo mexeu muito comigo. Eu queria tanto ter corrido lá fora, mesmo com o risco de ser atingido por um raio.

Este erro do passado me motivou para a Conquista dos 100. Eu poderia ter refeito o 50.50.50, mas não pareceria grande coisa simplesmente voltar atrás para corrigir um erro. Eu tinha que dobrar a aposta. Tinha que apagar qualquer traço de dúvida.

Em qualquer coisa que você empreender, você precisa ter um grande "porquê". Pode chamar isso de um motivo ou propósito. Quando as coisas ficarem feias, lembre-se do seu porquê. Mas só isso não basta. Quando estiver prestes a desmaiar de tanta dor na tíbia durante um triatlo, ter um único motivo para ir em frente não vai ser suficiente. Você tem que ter outros.

VONTADE DE FERRO: Você tem que ter toda uma cesta de "porquês". Nos momentos mais difíceis, você poderá enfiar a mão lá no fundo e sacá-los, um por um. Poderá juntá-los ou separá-los. Brincar com eles, empilhá-los. Uma única razão não basta. Um único motivo não é suficiente. Muitos vão ajudar a conduzi-lo ao êxito.

Tire algum tempo para articular seus "porquês" para si mesmo e para seu círculo próximo. Ponha suas motivações no papel. Aprimore a lista e deixe-a o mais precisa possível. Não confie só em decorar os porquês. Quando encontrar dificuldades, sua memória pode trair você. Assim, deixe a lista por perto, num lugar em que sempre possa se lembrar dela. Não a esconda num lugar no qual nunca mais vai encontrá-la. Coloque-a onde possa vê-la. Prenda-a com fita adesiva no espelho do banheiro. Escreva seus porquês numa cartolina grande e pregue-a na porta do quarto.

Na mesa de massagem, no fim de um dia em que a dor foi mínima, lembro-me de que, durante o longo período de isolamento de 2020 provocado pela covid, outro "porquê" surgiu. Um dia de manhã, na academia que temos em casa, eu estava me exercitando na bicicleta ergométrica quando uma semente começou a germinar na minha cabeça.

Eu sou introvertido por natureza, e é muito fácil para uma pessoa introvertida achar que não precisa dos outros. Provavelmente muita gente pensava assim naquela época. Mas depois de uns dois meses de isolamento, nós começamos a perceber que realmente precisamos das pessoas, e de muita gente. Precisávamos delas urgentemente. Percebi como algumas pessoas começaram a desmoronar, apelando para bebidas e drogas, comida altamente calórica ou TV em excesso, cheias de ansiedade, medo e desespero. Na falta de companhia e do conforto de outros seres humanos, o que as pessoas mais precisavam era de esperança.

A hora é essa, pensei, pedalando na ergométrica. *Nesse momento, você tem uma oportunidade não só de mudar sua história, mas de levar esperança às pessoas, num momento em que isto é mais importante do que nunca. Você vai poder mostrar às pessoas que faz parte da vida passar por momentos difíceis. As dificuldades não precisam nos derrotar.*

E faríamos isso juntos. Quando pedi ao Aaron e ao Casey para serem meus parceiros de novo, eles não hesitaram nem por um segundo.

— Estamos dentro — disseram.

Fui bem claro.

— Vocês perceberam que dessa vez eu vou dobrar a distância?

— O que estamos esperando? — disseram. — Vamos lá.

A conversa foi exatamente assim. Bem rápida.

Com Haydn, eu tive uma conversa bem mais longa. Dizer que ele é só um preparador físico é ocultar a amplitude e a profundidade do que já fez por mim. Ele é quase um fisioterapeuta. Faz terapia manual profunda nos tecidos e uma reconstrução holística do corpo inteiro. O cara é um verdadeiro mago. Ele foi absolutamente fundamental para minha saúde, para minha recuperação e para o meu êxito nos empreendimentos passados. Se ele dissesse não, eu nem tentaria. Mas Haydn não disse não. Fez algumas perguntas especulativas sobre a Conquista dos 100. E deu o sinal verde.

Discretamente, sem sequer contar para Sunny, comecei a treinar. Havia muito trabalho a fazer. Eu continuava ativo, mas totalmente fora de forma, nem perto da condição física de alto rendimento necessária para encarar a Conquista dos 100. No final do 50.50.50, eu pesava 73kg. Agora eu estava com 83, dez quilos a mais. E também estava cinco anos mais velho, quase seis.

Eu tive que ter muita cautela na conversa com a Sunny. Eu sou sonhador; ela, planejadora. Juntos, somos imbatíveis. Mas nós temos que estar no mesmo barco quando o desafio é grande, e eu sabia que não estaria pedindo pouco a ela. Quando fizemos o 50.50.50, isso sugou cada grama de energia de nós dois. Ela tinha planos diferentes para a família naquele verão, e o 50.50.50 os destruiu. Agora eu iria pedir para nos dedicarmos a uma empreitada com o dobro do tempo e dez vezes mais difícil. Finalmente, em agosto de 2020, falei com ela.

— Sunny, eu acho que posso chegar a cem.

Ela me lançou um olhar profundo.

— Faz muito tempo que você pensa nisso?

— Eu não consigo pensar em outra coisa.

Às vezes, até as melhores parceiras o surpreendem. Eu já tinha previsto sua preocupação, sabendo o quanto uma empreitada dessas exigiria de nós. Mas em vez de dizer não de cara, ela falou:

— James, se você não consegue parar de pensar nisso, talvez haja uma razão. Se isso está sempre na sua cabeça, provavelmente é o que deve acontecer.

Qualquer um pode sonhar alto por um instante. Mas são aqueles sonhos que não passam que não se pode ignorar. Você pode se levantar de manhã, estalar os dedos, e dizer: "Eu nunca corri na vida e vou correr uma maratona." Legal, mas encarar uma maratona de verdade não é pouca coisa. No dia seguinte, você pode se levantar de manhã e dizer: "Vou voltar à universidade e fazer um mestrado." Também é uma ambição nobre, mas atrás de qual dos dois sonhos você vai correr?

VONTADE DE FERRO: Deixe os sonhos passarem a noite em sua alma. Dê uma semana a eles, um mês. Só não espere para sempre. Olhe para o seu passado e veja quais sonhos despertam seu maior fogo interior. Um sonho atrás do qual você não correu pode estar adormecido em sua alma há anos. Se você tem um sonho e ele não vai embora, não o ignore. Dê o primeiro passo hoje. Você tem esse poder. Não importa o quanto você esteja assustado, ou o quanto a tarefa pareça difícil. Dar o primeiro passo já é meio caminho andado.

* * *

Depois de receber a bênção de Sunny, respirei bem fundo e suspirei lentamente. Disse a ela que começaria a sondar alguns patrocinadores e ver se conseguia despertar interesse. Em menos de duas semanas, os patrocinadores já tinham sido arranjados.

Dessa vez foi Sunny quem respirou fundo. Meu plano estava virando realidade. Ela disse que queria marcar uma reunião com meus parceiros. *Só* entre eles. Aliás, eu nem seria bem-vindo. Sunny sabia, por experiência própria, que ela e meus parceiros ficariam responsáveis por tomar conta de mim em meus piores momentos. E ela queria ter uma opinião sincera deles.

Será que eu sobreviveria?

Até hoje não sei exatamente o que aconteceu atrás daquelas portas fechadas, mas acho que Sunny recebeu as respostas que queria, porque, depois da reunião, ela me disse claramente o que queria de mim.

Durante o 50.50.50, eu tinha me comportado muito como um lobo solitário. Antes do desafio, eu lhe havia prometido que cuidaria de tudo: corridas, logística, transporte e comida. Eu arranjaria a equipe e os patrocinadores, e ela só teria que me acompanhar.

— Fique me esperando no motor home — falei. — Você e as crianças. Vai ser o melhor verão de suas vidas. Prometo.

Eu sou bem sonhador mesmo.

As coisas deram errado quase que imediatamente. Se Sunny não tivesse tomado a frente do 50.50.50 e cuidado do grosso da logística, teríamos fracassado.

Desta vez, ela falou:

— Isto é o que eu vou querer: se você está a fim de fazer cem triatlos, dessa vez o comando vai ser meu. Eu vou ter que ser a Gerente de Projeto, o que significa que tudo vai ter que passar por mim. Nossos filhos já são adolescentes. Têm amigos, empregos, estão na escola. A Lucy vai se formar esse ano. O verão do 50.50.50 deu certo porque eles ainda eram crianças. Mas não é justo bagunçar a vida deles. Por isso, vou precisar que você aceite mais uma coisa.

Joguei o peso de um pé para o outro.

— O quê?

— Nada de viagens. Nem motor home. Nós vamos ficar num lugar só. Dessa vez, todos os eventos vão começar aqui de casa.

Concordei e depois olhamos um para o outro, compartilhando um momento forte e lindo. Tínhamos acabado de dizer sim para tentar um dos maiores feitos de resistência da história humana. Estávamos ambos à beira das lágrimas, percebendo a enormidade daquela decisão. Se quiséssemos ter sucesso, nossa cesta de porquês teria que estar transbordando de motivos. Esse foi o grande momento que nos levou ao Primeiro Dia.

5

PARTES ADMINISTRÁVEIS

Não estou preparado.

A verdade bate forte na minha mente quando estou com água até a cintura na raia de natação. Meu corpo pulsa de adrenalina, mas eu tenho que seguir em frente. Estou de macacão e óculos. Mergulho na água e agarro a borda da piscina, pronto para continuar e começar as voltas. Hoje é 1º de março de 2021 e este é o primeiro dia da Conquista dos 100. O vapor se ergue da água da piscina externa do Lindon Aquatics Center, enquanto um pequeno grupo de fãs dedicados e membros da família fazem a contagem regressiva para eu começar. Gritam em voz alta: *Dez, nove, oito, sete, seis...*

A água está quentinha, a 28 graus, mas estou gelado até os ossos. É uma manhã escura aqui fora e a temperatura é de sete graus negativos. Em Utah, março ainda é um mês de inverno absoluto. Casey vai me acompanhar na natação, assim como Carlee, a melhor amiga da minha mulher. Ela tem 37 anos e é dona de uma loja de biscoitos, mãe de cinco garotos vibrantes. Meus dois acompanhantes estão ao meu lado, em pé na água, trêmulos.

Cinco, quatro, três...

Casey e Carlee tomam impulso uma fração de segundo antes, para poderem se posicionar. Casey primeiro, depois a Carlee. Vou estar logo atrás do calcanhar de Carlee, em nosso grupo de três.

Dois, um, zero!

Eu largo a borda da piscina, tomo impulso na parede e dou várias braçadas debaixo da água até voltar à superfície. As primeiras braçadas são fáceis e tranquilas. Apesar da sensação de despreparo inicial, sinto-me confiante e poderoso enquanto atravesso a água. Estamos no comecinho de uma longa jornada, e eu estou tão animado que mal consigo me conter. Parte de minha confiança se deve à minha equipe. Carlee tem um histórico de corredora, mas há vários anos passou para a natação. Nós já competimos juntos em corridas pelo país há mais de dez anos, e ela é uma presença tranquilizadora na piscina. Ter uma pessoa de confiança dentro da água ajuda a tornar a prova menos estressante. Carlee permite que eu bata de leve com a minha mão em seu calcanhar a cada braçada. Toda cadência é regulada, ritmada, previsível, exatamente como eu gosto.

Mas não, digo a mim mesmo. *É claro que eu não estou preparado para a Conquista dos 100. E isso faz parte da estratégia.*

Imagine que você vá fazer turismo numa cidade que não conhece. Antes de ir, você faz uma longa preparação. Mesmo assim, tem coisas que você só vai descobrir quando chegar lá. Tudo bem. Você vai equipado com GPS, guia de viagem e um aplicativo de tradução no celular. Caso se perca, sempre poderá pedir instruções. Você confia em sua capacidade de lidar com uma cidade que não conhece porque já lidou com o desconhecido antes.

Isso tudo também vale para correr atrás dos seus sonhos. Uma boa preparação é fundamental, mas, na verdade, você nunca vai estar totalmente preparado. O inesperado sempre aparece. É nessas horas que você tem que se adaptar e ir descobrindo as coisas enquanto avança, passa por cima delas e se supera. Durante a viagem você vai sofrer, e às vezes se deparar com surpresas desagradáveis que vão obrigá-lo a enfrentá-las de improviso. Mas você vai aprender e se curar. Tudo isso gera um crescimento enorme em sua vida.

VONTADE DE FERRO: Quanto mais você souber lidar com as surpresas, mais sua confiança vai crescer. Parte dela reside em sua capacidade de lidar com o inesperado. Você passa a se sentir à vontade com o desconhecido.

É um pensamento complexo. Eu o ensaio enquanto nado, repetidas vezes, de um lado para o outro, percebendo a realidade ao mesmo tempo que despejo positividade nela. A inadequação de minha agenda de treinos faz parte do desafio, mas tudo foi planejado para dar certo.

Falamos de eventos que poderiam acontecer em uma estação do ano. Três meses. Tentamos imaginar tudo o que uma pessoa poderia fazer nesse período. Três meses têm aproximadamente 2.190 horas. Se cada momento tiver a duração de um minuto, seriam 131.400 momentos. Tentamos imaginar cada um deles cheio de uma mistura paradoxal de dor e triunfo, mas não conseguimos compreender a totalidade.

Num nível absolutamente físico, para treinar para apenas um triatlo, eu deveria dominar a natação, o ciclismo e a corrida, com um mínimo de 10% da distância total para cada um. Então, a cada semana, enquanto eu fosse treinando para um evento normal, deveria aumentar as distâncias em mais 10%. Esse é o consenso. Nós já sabíamos que eu poderia fazer facilmente 10% de um triatlo, e que eu já tinha feito 10% de cem triatlos antes. Mas a matemática para aumentar o treino não funciona. Para começar a treinar para a Conquista dos 100, eu não poderia correr dez triatlos em uma semana. Nem poderia aumentar a distância em 10% a cada semana seguinte. As horas existentes num dia não permitiriam, não se utilizássemos as estratégias tradicionais de treinamento. Por isso, concluímos que eu não poderia treinar para toda a Conquista dos 100, mas poderia treinar para *começá-la*. Isso teria que ser o bastante. Seria toda a preparação que eu teria.

De propósito, optei por não correr muito ao me preparar para a Conquista dos 100. A corrida pode destruir o corpo como nenhum outro esporte é capaz de fazer. Pelo menos no meu caso é assim. Na maioria das vezes, eu treinava na bicicleta, nadando e levantando peso na academia. A falta de quilometragem era uma fonte de grande preocupação. Normalmente, uma pessoa treina correr distâncias longas fazendo exatamente isso: correndo distâncias longas. Mas não podíamos correr esse risco. Não podíamos nos arriscar a destruir meu corpo antes de a empreitada começar.

Meu regime de treinos era mais científico do que qualquer coisa que eu tenha tentado descrever aqui. Isso significa que monitorávamos tudo. Controlávamos de perto a energia dispendida na bike. Esse é o feedback mais confiável, que nunca mente. Quando corro, tento estabelecer limites de passadas e monitoro a oscilação vertical e o tempo de contato com o solo. Quanto menores os números, melhor. A maioria dos técnicos de natação tenta estimular que seus pupilos aumentem a velocidade das braçadas, mas eu raramente permito que meu número de braçadas passe de sessenta por minuto. Monitoramos a variabilidade dos batimentos cardíacos e, em vez de treinar dentro dos 80% do máximo, que é o método convencional, eu pego realmente pesado na malhação e depois me recupero adequadamente. Controlo meu tempo de sono, sabendo que o sono é uma das melhores maneiras de restaurar o corpo. Monitoro até minha respiração, medindo a subida e a descida do abdômen quando malho e quando descanso.

Concluímos que meu treinamento me permitiria completar cerca de vinte triatlos consecutivos — pelo menos no papel. Durante o 50.50.50, o de número vinte foi aquele a partir do qual as coisas começaram a ficar extremamente difíceis. No vigésimo triatlo, eu comecei a desmoronar física e mentalmente, e precisei me adaptar, me aprimorar e lidar com dores muito fortes para concluir os dez seguintes. E os números mostraram exatamente isso: que eu havia me fortalecido no meio. Os últimos vinte triatlos foram os mais rápidos.

Decidimos adotar uma abordagem semelhante para a Conquista dos 100, mas achar que tudo daria certo era só um palpite. Nunca ninguém escreveu um manual para uma empreitada como essa. A teoria era de que, uma vez completados vinte triatlos, eu estaria física e mentalmente destruído, e com muita dor. Desse ponto em diante, eu teria que suportar a dor e continuar mesmo assim. Isso faria com que eu me adaptasse, me aprimorasse e ficasse mais forte. Eu iria treinar para começar a empreitada, depois disso confiaria na minha força mental e nas experiências passadas para me sustentar pelo restante da jornada, me adaptando e me aclimatando pelo caminho.

Confiávamos que essa estratégia me levaria pelo menos até o quinquagésimo triatlo, mas ninguém sabia o que viria depois. Esperávamos que a estratégia pudesse se estender por toda a Conquista dos 100. Eu chegaria ao vigésimo, estaria acabado, mas iria em frente, ficaria mais forte e chegaria ao quinquagésimo. Depois disso, eu voltaria a ficar destruído, continuaria indo em frente, ficaria mais forte e chegaria ao centésimo. Basicamente, a primeira metade me treinaria para a segunda. Eu usaria os primeiros cinquenta triatlos para treinar para os cinquenta finais.

Hoje, na piscina, minhas braçadas atrás da Carlee e do Casey são fortes e regulares. Estou começando a me aquecer, mesmo que o céu de inverno ainda esteja escuro e frio. Ensaio a estratégia mais uma vez mentalmente. A parte realmente difícil é aquela em que a maioria das pessoas desiste. Quem quer continuar indo em frente quando a dor fica forte demais? Mas há muito tempo eu já havia aprendido que a parte realmente difícil era exatamente a de que eu precisava. A parte realmente difícil, se eu a encarasse e superasse, moldaria meu caráter e me deixaria mais forte. Quando eu desse ao meu corpo as ferramentas e os ativos necessários para ele se curar, crescer e se recuperar, ele faria isso, mesmo que estressado.

Parte do plano era que eu usasse a natação diária para me recuperar do dia anterior e como preparação para o dia que estava por vir. Instituímos um controle rigoroso, determinando um ritmo firme, mas razoável: 100m a cada dois minutos. A piscina em que eu nado tem 25 jardas (o que dá quase 25m), portanto ida e volta duas vezes (ou duas séries) contam como uma rotação. Quando dou o impulso na parede, começa o tempo de rotação. Nado 100m. Se eu voltar à parede original antes do esperado, digamos com 1min47s, posso parar de nadar e descansar por 13 segundos. Se o tempo for de 1min52s, o descanso será de oito segundos.

No primeiro dia, a estratégia funciona perfeitamente. Sunny conta minhas voltas numa prancheta e usa um cronômetro diferente para marcar as rotações. Meu nado é calmo e sereno. Cem metros a cada dois minutos, como um relógio.

Quando termino a natação, estamos no horário certinho. Começamos às 5h30 da manhã e terminamos pouco antes das sete. Tempo total de natação: 1h24min49s. Ao terminar, o sol está se levantando. Abraço Casey e Carlee dentro da água e saio da piscina, apoiado na reluzente escada cromada. Sunny, que é sempre um primor de organização, me recebe com uma toalha quente, um cobertor e um par de Crocs.

Naquele momento, acredito que posso conquistar o mundo. Tudo o que falta no dia são 180km de ciclismo e a corrida.

As pessoas às vezes me criticam por fazer tudo meio que de improviso, e é verdade — sou um visionário, não o cara dos detalhes. Mas conheço minhas fraquezas suficientemente bem para contar com exímios planejadores na equipe.

Parte do desafio da Conquista dos 100 é uma agenda de treinos radicalmente enxuta. O plano original era realizar o projeto em agosto, setembro e outubro de 2021. Mas, conversando com os parceiros e treinadores, vi que a única janela disponível para todo mundo seria março, abril e maio de 2021.

Quanto mais conversávamos, mais eu percebia que o final do inverno e o começo da primavera eram realmente um período melhor. Eu sempre poderia vestir mais camadas de roupas para me proteger do frio do inverno e da primavera. Mas, se eu estivesse fervendo de calor enquanto tentava concluir os triatlos no verão e no começo do outono, haveria pouco o que fazer para resfriar o corpo. O calor tem efeitos adversos muito mais fortes em meu corpo do que o frio. Fazer a Conquista dos 100 nos meses mais frios acabaria se revelando uma boa jogada estratégica.

Mas o novo cronograma também significava que o ponto de partida seria antecipado em cinco meses. Eu começara a treinar para a Conquista dos 100 em 1º de novembro de 2020. Estávamos apenas a quatro meses do novo marco inicial.

A data também batia de frente com minha agenda familiar. Sunny adora fazer planos e já tinha uma viagem especial programada com as amigas para comemorar seu quadragésimo aniversário em abril, e outra viagem à parte, só para nós. Inúmeros outros eventos seriam afetados. Sunny precisava de tempo para processar todas as mudanças.

Nós dois tivemos uma série de conversas e revisamos os diversos pontos juntos. Ela é sempre muito honesta e objetiva. Percebi que era injusto de minha parte esperar que ela fosse tão flexível, tão rapidamente. Ela me pediu um tempo para poder traçar um quadro melhor da situação e pensar nas soluções. No fim das contas, decidimos que nós dois sentíamos um chamado para empreender esta jornada e estávamos comprometidos em apoiar um ao outro. Sunny me disse que tinha vontade de acelerar em relação ao nosso casamento e nossa vida. Iríamos colaborar com nossos sonhos — eu fazendo a Conquista dos 100 com ela me apoiando. Ainda não sabíamos o resultado, mas acreditávamos que a empreitada serviria de impulso para nós dois.

VONTADE DE FERRO: Como transformar o que parece impossível em algo inevitável? Tanto quanto ganhar confiança em sua capacidade de lidar com o desconhecido, uma grande (e pragmática) parte de conquistar seu sonho também depende do planejamento. De cuidar da logística. Tentar atenuar os efeitos dos imprevistos. Planejar pode não parecer muito glamoroso, mas é glorioso.

O treinamento começou para valer. Nas palestras corporativas, eu continuava parecendo um verdadeiro atleta de elite. Se entrasse num auditório, ninguém diria que eu estava fora de forma. Mas boa parte disso era só fachada. Com toda a certeza, eu não estava em forma para completar múltiplos triatlos de longa distância em dias seguidos. Tinha que perder peso, ganhar massa magra, melhorar a resistência e adotar a mentalidade de um campeão. Graças à quantidade de trilhas que eu havia percorrido ao longo da minha carreira, meu tornozelo esquerdo tinha se tornado flexível demais e algum dia teria que passar por uma cirurgia. Teríamos que acompanhá-lo de perto para ter certeza de que ele conseguiria aguentar a brutalidade de cada dia. Desde que completei o 50.50.50, já tinha competido em outros triatlos de longa distância, mas o objetivo era continuar participando da comunidade atlética, e não fazer uma corrida de alto desempenho. Meu último triatlo havia sido em dezembro de 2019, mais de um ano antes do início da Conquista dos 100.

Um grande desafio logístico foi encontrar uma piscina que nos permitisse começar no início de março. Tinha uma piscina coberta em Orem, mas ela havia sido totalmente fechada por causa da covid. Uma academia local tinha uma piscina interna, mas não podia garantir uma raia separada para nós todas as manhãs. A regra era que quem chegasse primeiro ficava com a raia. E, com apenas três raias, isso significava que eu podia ter que dividi-las com um sem-número de nadadores, lutando para manter meu espaço. A cidade de American Fork, que talvez ficasse a uns 15 minutos da minha casa, tinha uma piscina indoor coberta com uma enorme capa térmica. Mas como estavam removendo a cobertura e convertendo as instalações de internas para externas, também não estava disponível. Restava apenas uma opção.

A piscina do Lindon, com seis raias externas, geralmente fica aberta do feriado do Memorial Day, na última segunda-feira de maio, até o do Labor Day, na primeira segunda-feira de setembro. Três das minhas filhas — Lucy, Lily e Daisy — já trabalharam lá como salva-vidas e conheciam o gerente, Alan. Entrei em contato com ele no fim de janeiro de 2021, mas ele me explicou que não começavam sequer a preparar a piscina para a temporada até meados de abril. Contei-lhe o que eu pretendia fazer e ele me deu um retorno rapidamente, mesmo dizendo que não seria fácil.

Basicamente, eu havia pedido que ele preparasse a piscina em quatro semanas. Ele explicou que o simples fato de aquecer toda essa quantidade de água no inverno já seria um desafio em si. Os aquecedores não foram feitos para aquecer 640 mil litros de água em poucos minutos. Além do mais, havia a limpeza, a manutenção e a preparação do deque, deixando-o livre de gelo.

Mesmo assim, ele foi um parceiro incrível. Arranjou capas especiais para cobrir e proteger a piscina, para que ela aquecesse mais rapidamente.

Trabalhou com o departamento de saúde do município para que os banheiros pudessem ser abertos mais cedo. O encanamento não havia sido feito para funcionar no inverno, de modo que Alan trouxe encanadores para passar serpentinas de aquecimento pelos tubos, para garantir que eles não congelariam. Todo dia, Alan chegava na piscina às 4h30 da manhã para aprontá-la para nós. Fiquei muito grato por seu altruísmo e sua determinação em nos ajudar. Realmente a união faz a força.

No 1º Dia, Aaron, eu e mais dois ciclistas subimos nas bicicletas, sabendo que muito provavelmente encontraremos gelo e neve pelo caminho. As pessoas estão em pé, ao lado da piscina, quando partimos, todas agasalhadas com blusões, cobertores e casacos de inverno. Elas vibram. Enquanto ajusto minha postura no selim, lembro a mim mesmo de que eu adoro pedalar, mas também estou ciente de que a etapa ciclística é bem menos controlada que a de natação. Na piscina, podemos controlar a temperatura, o clima, o tempo exato e o vento. No ciclismo, tudo é bem menos previsível. A expectativa para hoje é que a máxima seja de dois graus negativos, com alerta de vento forte mais tarde.

Ciclistas aparecem para me acompanhar mesmo nos dias mais frios. (Observe a neve cobrindo as montanhas.)
(*Matthew Norton*)

Acima de nós, não há sequer uma nuvem no céu, mas a abóboda azul tampouco oferece calor. Depois de 45km, estou com pedrinhas de gelo presas na barba e os ciclistas no pelotão gritam seus incentivos. O vento nos acerta como um soco, vindo do lago Utah, e nossa velocidade média é de 25,7km/h. Na marca dos 72km, ainda estou me sentindo otimista, mas percebo que todo mundo agora está quieto. Está simplesmente frio demais para falar.

Completamos a etapa ciclística do dia em 6h47min48s. Em casa, visto a roupa de corrida, como uma tigela de macarrão, depois dou a volta no quarteirão e sigo o caminho que vai dar no início da trilha Murdock. Casey está pronto para me acompanhar.

Sempre que eu desço de uma bicicleta depois de uma longa jornada, minhas pernas parecem "emborrachadas". Elas naturalmente se ressentem de ter que pisar no asfalto. Corro por uns 3km, depois mudo o ritmo para uma caminhada rápida. Por mais que eu me concentre em cada passo, também tenho em mente que preciso que minhas pernas aguentem no longo prazo. Sei que é correto ir devagar e gastar mais tempo no triatlo de longa distância. Passa uma hora depois da outra. Eu tinha me esquecido de quanto um triatlo pode ser difícil. Com 13km pela frente, a meta é só terminar aquele dia e cair na cama para dormir um pouco. Meu astral está lá em cima, mas meu corpo se sente exausto.

Volto a correr. As sombras se alongam no chão e a escuridão da noite cai sobre nós. Usamos faróis, lanternas e refletores nas roupas para ver e sermos vistos. Com frequência, as pessoas ficam nas bordas da estrada, aplaudindo nosso avanço, ajudando-nos a redefinir o que é impossível. No fim do triatlo de longa distância, chega a notícia de que angariamos 9 mil dólares em nosso primeiro dia para a Operation Underground Railroad. Abro um sorriso. É um ótimo número para o primeiro dia, e uso qualquer fonte de incentivo para afastar o medo.

A corrida é a etapa que mais me amedronta das três que compõem o triatlo. Exige muito do corpo. Se eu permitir, minha mente vai naturalmente sentir medo do desconhecido e do futuro. Mas quando entro no quilômetro final, simplesmente digo a mim mesmo que o medo é uma emoção como qualquer outra. Pode ser administrada. Aprendi que, sempre que eu sinto medo, posso isolá-lo e atacá-lo sem piedade, simplesmente ao perseguir meu objetivo.

Termino o primeiro triatlo de longa distância em 5h40min29s. No total, o movimento do dia somou 14h40min40s. Depois que cruzo a linha de chegada, Sunny vem me receber.

— Caramba, eu tinha até me esquecido de como esse esporte pode ser difícil — comento, dando-lhe um abraço suado.

— Saiu exatamente como eu esperava — ela responde.

Estamos no ritmo certo.

VONTADE DE FERRO: Como se pode administrar efetivamente a busca de um sonho? Comece de um ponto pequeno, que lhe ajudará a ganhar impulso e confiança. Divida, deliberadamente, uma grande meta em partes administráveis. Então enfrente e complete cada parte com segurança, sabendo que você está construindo algo com a experiência que está adquirindo e criando padrões que vão criar a fundação e o embalo de que você precisa.

Confio que posso correr um triatlo de longa distância porque sei que posso correr 5km. Já corri 5km tantas vezes que me sinto muito experiente correndo essa prova. Também sei que posso correr mais de 5km em sequência, porque já fiz isso inúmeras vezes. Um triatlo de longa distância tem 42.195km no total. Então, uma maneira de encarar uma maratona inteira é pensar que tudo que eu preciso fazer é correr 5km oito vezes e meia.

Quando você divide sua meta em partes administráveis, as peças são bem menos assustadoras que o grande objetivo. Talvez seu medo ainda não tenha desaparecido completamente, mas tudo bem. Você não está deixando o medo paralisá-lo. Está indo em direção ao grande sonho.

Entendo perfeitamente que é fácil se sentir sobrecarregado antes de começar. Mas você não precisa enfrentar tudo de uma vez. Não precisa saber de tudo no início, mas é claro que você deve planejar o que puder antes do tempo. Então comece. Essa é a mentalidade de quem vence:

COMECE PEQUENO.
DÊ O PRÓXIMO PASSO.
ABASTEÇA A PRÓPRIA ENERGIA.
COMEMORE AS PEQUENAS VITÓRIAS.
JUNTE AS PEQUENAS VITÓRIAS PARA CRIAR VITÓRIAS MAIORES.
ISSO LEVA AO SUCESSO.
AS VITÓRIAS SE MULTIPLICAM.
LEMBRE-SE: SÓ EXISTE UMA SAÍDA: PASSAR PELO QUE VOCÊ TEM QUE PASSAR.

6

A REGRA DOS 100

No segundo dia, a natação vai muito bem e me sinto melhor do que no dia anterior, principalmente por conta de uma boa noite de sono. Esse empreendimento já mostra um grande contraste com o anterior. Nos primeiros dias do 50.50.50, só dormi seis horas, porque voamos do Havaí para o Alasca e de lá para o estado de Washington, percorrendo um triatlo em cada estado. E, por favor, não foram seis horas de sono por noite, mas seis *no total.* Ontem à noite, em comparação, dormi sete horas inteiras, em minha própria casa e em minha própria cama. A logística desta empreitada é muito diferente. Percorrendo o mesmo trajeto todos os dias, nós retiramos o caos da equação.

O ciclismo do dia é um espetáculo. Reunimos um grupo entusiasmado e, embora ainda esteja frio, não está tanto quanto no dia anterior, mesmo com os ventos batendo forte. Sinto-me otimista. À altura do km 61, relaxo a concentração o suficiente para dar uma boa olhada no cenário. O dia está claro e firme. À minha frente, vejo uma paisagem verdadeiramente lunar de campos gramados marrons, com montanhas cobertas de neve no horizonte. Terminamos o ciclismo com um bom tempo.

O sol aparece para a corrida de longa distância. Skatistas se juntam a nós no trajeto. Não estamos correndo em alta velocidade, por isso meu filho

Quinn, de 11 anos, me acompanha por cerca de 10km, o máximo que ele já fez. Terminamos o dia tranquilamente, em pouco mais de 15 horas. É como um dia normal no escritório.

No fim do dia chego a uma conclusão agradável: nem tudo tem que ser difícil. É verdade que o sucesso tem seu preço e que poucas coisas que valem a pena vêm de graça. Nós temos que suar, sacrificar muitas coisas e dar duro para alcançar um sonho. Mesmo assim, também é possível curtir a viagem. Se você consegue dormir por sete horas na própria cama, comemore essa vitória.

VONTADE DE FERRO: Quando estiver vivendo sua melhor vida, você não precisa lutar todas as horas do dia. Uma luta de vez em quando é bem-vinda, especialmente quando você decide o quanto vai ser durão. É no auge da luta que acontecem o crescimento e o aprendizado. Mesmo assim, às vezes você alcança uma conquista significativa e é uma molezinha. A jornada é divertida. Comemore os momentos em que os astros se alinham.

De noite, na mesa de massagem, enquanto Haydn pratica sua mágica em mim, penso em quantas vezes já me perguntaram se minha constituição física é diferente da de outras pessoas. Como se eu fosse um tipo diferente de ser humano. Eu teria algum tipo de mutação genética, ou vantagem hereditária? A resposta não veio de um dia para o outro. Foi algo que eu tive que trabalhar muito em mim mesmo, ao longo do tempo.

Penso em minha primeira maratona. Não era parte de um triatlo de longa distância. Era só a corrida mesmo, e eu não tinha muita prática em longas distâncias. Eu sofri muito na maratona e odiei a experiência. Naquela noite, os combates do MMA estavam sendo realizados na minha cidade, e eu adoro ver essas lutas. Por isso, fui até o estádio em Salt Lake City, me sentei e assisti à programação. Quatro horas se passaram num segundo e as lutas terminaram. Tentei me levantar e voltar para casa, mas não consegui. Olhei para baixo e vi que os dois joelhos tinham ficado do tamanho de dois melões. Eu estava preso no lugar. Naquela noite, saí do estádio empurrado numa cadeira de rodas. Que belo atleta de resistência! Eu não estava calçando as sandálias da humildade. Estava vestindo a indumentária inteira.

Mas uma coisa importante aconteceu. Levantei-me no dia seguinte cheio de determinação e falei:

— Eu posso fazer mais que isso. Não vou permitir que um único momento difícil num estádio defina aquilo que eu sou. Nem pelo dia de hoje, e certamente não pelo resto da vida.

No 3º Dia, a natação corre tranquilamente. O ciclismo também. A temperatura é de três graus positivos e nós realmente rimos e comemoramos o quanto três graus podem ser considerados quentes. Até agora é o dia mais rápido na bike, e encerramos o percurso em 6h43min45s. Uma vitória.

No mínimo uma dúzia de pessoas me acompanham na corrida, ou em trechos dela. Minha filha Daisy me acompanha de patins parte do tempo e eu amo vê-la ali. Não estamos em alta velocidade, mas me sinto bem e corro num ritmo bom. Terminamos no escuro e Daisy patina até mim e me dá um grande abraço.

Daisy, aos 15 anos, patina enquanto caminho rápido no cascalho, na parte da esquerda. (*Matthew Norton*)

Na mesa de massagem, sinto-me melhor do que em qualquer momento até então. Estou muito otimista para o dia seguinte, embora meus pés não pareçam lá muito felizes. Uma das unhas está quase caindo. Bolhas vermelhas superficiais cobrem cada pé de alto a baixo. Uma bolha maciça, roxa e purulenta, decora o segundo dedo do pé direito. Também tem algo de errado com os calcanhares, e as bolhas lá parecem mais pesadas do que o normal. Não consigo explicar muito bem essa sensação para o Haydn, que examina tudo e promete ficar de olho na questão.

Lembro-me da primeira vez que completei um triatlo de longa distância. Os resultados foram só um pouco melhores do que quando experimentei correr uma maratona, mas minha perspectiva havia aumentado e eu me apaixonei pelo esporte. Eu aprecio a individualidade do desafio. Depois do primeiro triatlo, escolhi adotar a mesma mentalidade vencedora que se seguiu à minha primeira maratona. A chegada não foi muito bonita, mas eu podia melhorar. Se eu insistisse, poderia me tornar mental e fisicamente resistente. A única maneira de atingir essa resistência era me manter na ativa. Continuar a treinar. Continuar a malhar. Fiquei convicto de que, se continuasse a estabelecer metas audaciosas, mas estimulantes, e continuasse sempre trabalhando para alcançá-las, eu poderia fazer mais coisas do que jamais havia sonhado.

De noite na mesa de massagem, a velha pergunta volta a martelar em minha mente: Será que eu sou mesmo diferente? Depois de ter completado o 50.50.50, as pessoas quase me convenceram de que eu era uma espécie de super-herói. Eu não acreditava nisso, mas comecei a dar ouvidos a elas, me perguntando se eu teria mesmo um dom atlético especial. Como o Wolverine, talvez eu tivesse uma capacidade especial de me recuperar. Fontes da mídia me chamavam de "aberração".

Claro que a pergunta era válida. Volta e meia ouvimos histórias de um atleta fora de série que realmente tem alguma coisa diferente nos genes. Como o Michael Phelps, o nadador olímpico de maior sucesso e o maior medalhista de todos os tempos. Ele tem um torso incrivelmente longo. Sua envergadura é imensa. Os tornozelos são extremamente flexíveis, os cotovelos têm articulação dupla e o tamanho do pé dele é mais que enorme.

Tudo isso o ajuda a deslizar na água. Ele tem o corpo perfeito para ser um nadador.*

O ciclista Lance Armstrong se viu envolvido numa grande polêmica por conta de escândalos de *doping* que acabaram fazendo com que ele perdesse todas as suas conquistas. Mas, sejamos honestos, durante a era de ouro de Lance havia mais de um ciclista de estrada se dopando. Pode-se dizer que isso equilibrava o jogo. De qualquer maneira, Lance dominou todas as sete *Tour de France* que venceu. A capacidade de seus pulmões foi testada e verificou-se que ele era geneticamente melhor que os demais atletas.** Era um dom biológico.

Ou considere a ginasta Simone Biles. Ela ganhou sete medalhas de ouro olímpicas, por enquanto, é extremamente musculosa e tem apenas 1,42m de altura. Seu sucesso extraordinário certamente se deve a anos de trabalho, mas sua relação peso-potência é totalmente extraordinária. Uma verdadeira obra de engenharia. Ela pode se curvar e rodopiar melhor do que uma pessoa mais alta. Foi talhada para ser ginasta.***

Outro exemplo é a lenda do basquete Shaquille O'Neal. Ele tem 2,16m de altura e pesa 146kg, num corpo bem distribuído, dominante e ágil. Um gigante. Uma força da natureza. Os outros times precisam de três jogadores para se defender dele. Shaquille ajudou sua equipe a ganhar quatro campeonatos da NBA. Por três vezes, foi eleito o Jogador Mais Valioso das Finais da NBA.**** Foi construído para alcançar o máximo numa quadra de basquete.

---

* Colleen De Bellefonds, "Why Michael Phelps Has the Perfect Body for Swimming", *Biography*, 14/05/2020, www.biography.com/athletes/michael-phelp-perfect-body-swimming.

** Brian Palmer, "Lance Armstrong case prompts question: Why is there so much doping in cycling?", *Washington Post*, 21/01/2013, www.washingtonpost.com/national/health-science/lance-armstrong-case-prompts-question-why-is-there-so-much-doping-in-cycling/2013/01/18/32cd089a-5e61-11e2-a389-ee565c81c565_story.html

*** Elena Chabo, "Understanding how Simone Biles became a superathlete", *Stylist*, edição 481, www.stylist.co.uk/people/simone-biles-gymnast-2020-olympics/311364.

**** Roger Cumberbatch, "Shaquille O'Neal: An Incredible Career but how good was he?", *The Sporting Blog*, thesporting.blog/blog/shaquille-o-neal-incredible-career-how-good.

Não há dúvida alguma de que todas essas pessoas trabalharam muito. No entanto, todas elas contaram com algum tipo de vantagem genética. Eu não consigo enterrar uma bola como o Shaquille. Não tenho o corpo da Simone Biles. Atire eu e o Phelps numa piscina e ele sempre vai nadar mais rápido, independentemente de quantas horas eu treine. Que vantagem eu teria?

Minha vantagem é a que eu chamo de Regra dos 100 — que você também pode seguir. Ninguém consegue ir de zero a cem da noite para o dia. A regra é a seguinte: primeiro você tem que dar cem pequenos passos. Você só chega ao sucesso trabalhando na preparação. É assim que você cria impulso.

Por exemplo, se você não for um triatleta e quisesse começar amanhã uma série de 100 triatlos pelos próximos 100 dias na base da garra, posso garantir que isso seria impossível, independentemente do quanto você se esforçasse. Por mais que eu dê duro para redefinir o que é possível para as pessoas, ainda temos que lidar com a biologia e com as leis da física. O corpo de ninguém consegue chegar nesse extremo de dificuldade em tão poucos dias sem a devida preparação.

Infelizmente, vejo gente tentando conquistar grandes objetivos sem se preparar. Aí elas fracassam, porque não deram atenção ao trabalho de base. Elas não deram aquela série de pequenos passos necessários para ajudá-las a começar e a criar impulso.

VONTADE DE FERRO: Você pode atingir sua meta. Só precisa fazer primeiro o trabalho de base. Dê os passinhos iniciais. Acorde todo dia e faça o que tiver que fazer. Crie o seu impulso e estará no bom caminho.

Quarto Dia. A natação corre sem problemas. Uma chuva leve cai na piscina, mas ninguém se incomoda. No ciclismo, somos atingidos em cheio por um vento forte, constante, direto contra nós. Geralmente, pedalamos a 26km/h, mas nesse dia a média é de 22. No km 40, percebo que estamos atrasados em pelo menos meia hora em relação ao plano. Está muito frio e é desgastante pedalar, mas vamos em frente.

Na hora da corrida, o tempo parece mais quente, mas, assim que entramos na trilha, vemos que continua soprando o vento frio. Mantenho um bom ritmo de passadas, mesmo sabendo que meus pés estão cheios de bolhas e tenho um dedo destruído. Mais gente se une a nós. As pessoas vêm de toda parte: do estado de Utah, de fora do estado, algumas fazendo o percurso inteiro, outras correndo os primeiros ou os últimos 10km. De maneira geral, parece que a Conquista dos 100 virou rotina. Encontramos um ritmo, uma passada própria. Mesmo assim, meu tornozelo esquerdo começou a inchar e eu mudo o ritmo para uma caminhada rápida. Depois que terminamos, entro mancando no carro para voltar para casa. Mas tudo bem. A meta é terminar cada etapa.

Na mesa de massagem, penso em como, logo depois que completei o 50.50.50, eu realmente passei por uma série de testes genéticos para ver se encontrava algum tipo de marcador. Será que havia algo de realmente diferente em mim? Será que meu corpo era diferente do de outras pessoas? Eu teria algum poder especial além da Regra dos 100? Eu queria ter certeza.

Os resultados vieram num envelope lacrado. Juntei meus filhos em volta da mesa da cozinha e disse a eles que estava prestes a revelar o grande segredo da família. É claro que eu tinha passado minha genética especial para eles e agora saberíamos, sem sombra de dúvida, quais eram nossos superpoderes. Abri o envelope para todo mundo ver.

E caímos na gargalhada.

Não havia um único marcador genético que me distinguisse de qualquer outra pessoa. Nem um. Portanto, não sou o Wolverine. Nem o Super-Homem. Aquele teste genético comprovou isso. Dizia apenas que eu estava na média dos canadenses de meia-idade. Nada mais, nada menos. Os testes só reforçaram o que eu já sabia.

VONTADE DE FERRO: O único segredo de meu sucesso é que todo dia de manhã eu acordo e faço um monte de pequenas coisas bem-feitas, consistentemente. Continuo fazendo, dia após dia, ano após ano. E você pode fazer igual.

Estranhamente, é nisso que penso no 5º Dia, quando o trem começa a descarrilar. O vento lancinante arrefeceu um pouco. Mais gente participa das etapas do ciclismo e da corrida. Alguém numa roupa de tubarão cor-de-rosa está torcendo por nós, dançando e acenando com um cartaz escrito "Caubói de Ferro". Tenho a sensação de que estamos pegando um embalo. Mas, ao mesmo tempo, meu corpo dá os primeiros sinais de que está começando a fraquejar. E isso não é bom.

O tornozelo esquerdo inchou e está do tamanho do joelho. Ao ver meu reflexo no vidro da janela de um carro, noto um rosto contraído de dor. Digo às pessoas que estou tranquilo, mas até isso é um exagero. Ao terminar a corrida, preciso que me ajudem a ir até o carro. O tornozelo esquerdo mal aguenta meu peso.

Isso não estava nos planos. Meu corpo está fraquejando cedo demais. Esse tipo de coisa não deveria acontecer antes do vigésimo dia. Muito menos no quinto.

Se as coisas não melhorarem radicalmente, e rápido, não faço a menor ideia de como será o amanhã. Meu tornozelo esquerdo pode acabar com tudo.

7

VISUALIZE SUA MELHOR VIDA

Meu corpo grita para que eu desista. Mas eu não posso e *não vou* desistir.

Na noite do quinto dia, aplicamos gelo e elevamos meu tornozelo inchado, mesmo que isso agora seja uma controvérsia na medicina esportiva. O gelo pode diminuir o inchaço. Os vasos sanguíneos se comprimem e o fluxo de sangue diminui na área lesionada — o que é bom. Mas o gelo também pode retardar a cura no longo prazo, reprimindo a resposta imunológica natural do corpo — o que é ruim.

Em meu caso, o Haydn recomenda a aplicação de gelo. Precisamos de soluções rápidas. O inchaço tem que diminuir rapidamente. Aplicamos gelo na pele por vinte minutos, depois aquecemos o tornozelo para o sangue voltar a fluir. Em seguida, mais uma aplicação de gelo. Repetimos este ciclo por duas horas, enquanto eu me alimento, descanso e outras partes do corpo vão sendo tratadas.

À noite, quando finalmente encosto a cabeça no travesseiro, tenho sentimentos conflitantes. De um lado, estou preocupado com o tornozelo e com o que vai acontecer amanhã. Nós já sabíamos que eu teria de enfrentar dores extremas, só não imaginávamos que elas iriam aparecer logo no começo do desafio. Ainda tenho 95 triatlos pela frente, mas eu expulso esse pensamento da cabeça. É um número grande demais para ficar pensando nele.

Por outro lado, estou me sentindo estranhamente tranquilo, até mesmo animado. O tornozelo dolorido é sinal de um novo ponto de partida. Esse momento específico — a dor na noite do quinto dia — é até bem-vindo, porque eu tenho que chegar ao desconforto para me obrigar a ir em frente e superá-lo. Encarar e superar dificuldades é o que eu me propus a fazer na vida. Esse tipo de movimento para a frente gera crescimento.

Deitado sob o edredom que a Sunny costurou para nós dois há alguns anos, percebo que desenvolver resiliência exige ideias que são difíceis de se entender, e ainda mais de aceitar. Em minhas palestras, procuro "desempacotar" as perguntas e respostas que giram em torno dessas ideias. Já falei em 51 países no mundo inteiro e a pergunta número um que as pessoas fazem é: "Como eu posso ser mentalmente mais forte?" A resposta parte de uma ideia básica: você nunca vai aumentar sua resiliência sentado num sofá, sem fazer nada.

Você *tem* que partir para a ação.

Caio num sono profundo. Pela manhã, o inchaço no tornozelo diminuiu um pouquinho, e publicamente dizemos que está "muito melhor", esperando que esse papo positivo injete um pouco de ânimo. Hoje não há espaço para negatividade. Mesmo assim, quando jogo meu peso sobre o tornozelo, ele dói. Problemas são feitos para serem resolvidos, não para ficarmos atolados neles, por isso passamos esparadrapo em volta do tornozelo e também na parte inferior da perna e lidamos com os outros focos de dor.

Coloco cápsulas de silicone entre os dedos do pé para diminuir as bolhas. Uma placa branca e grossa de pele começou a aparecer no calcanhar, mas por enquanto não há nada a se fazer em relação a isso. Haydn especula que bolhas também podem estar se formando nas camadas internas da pele — não só na superfície. Ele vai voltar a trabalhar no calcanhar à noite. Enquanto isso, sei que vai ser um dia doloroso.

Mesmo assim, tenho esperança.

Essa ideia tem uma força incrível: seu desconforto pode levar ao crescimento, se você permitir. O desconforto gera resiliência, e a resiliência gera força de caráter. Isso leva ao crescimento, e crescimento é uma coisa positiva.

> **VONTADE DE FERRO:** Você tem que abraçar o desconforto como uma parte necessária do processo. Precisa estar sempre enfrentando desafios para não se tornar complacente e regredir em seu desenvolvimento. Você precisa deliberadamente se esforçar para superar os obstáculos. Sempre mire no crescimento.

Só para deixar claro, eu nunca vou recomendar que você busque o desconforto só para ficar se sentindo mal. Isso seria masoquismo. Sofrer é ruim! Mas você pode aprender a aceitar o desconforto como uma parte necessária de sua evolução. O desconforto é inevitável quando se enfrenta desafios.

Essa reflexão pode ser tranquilizadora. Este é o objetivo da Vontade de Ferro. É uma esperança poderosa que pode lhe tirar da adversidade e impulsionar para a frente.

> **VONTADE DE FERRO:** O sofrimento não precisa necessariamente tirar você de seu caminho. Seguir em frente pode parecer difícil, mas você vai sair dessa. O sofrimento é um professor com o qual você pode aprender. O desconforto o leva a áreas mais profundas de crescimento que você não conseguiria acessar se a vida fosse totalmente confortável. Escolha jogar fora suas desculpas. Agora você está livre para buscar seu maior potencial. As desculpas são a morte, mas esperança é vida.

Depois de comer aveia e burritos no café da manhã, parto para a rua. O dia parece ligeiramente mais quente no início do sexto dia e isso me dá um ânimo a mais. Celebro o fato de estar vivo, de ter acordado hoje, de estar conseguindo respirar fundo. Cada momento em que estamos vivos é uma dádiva e uma oportunidade. Sunny me leva até a piscina, onde visto o macacão e entro na água, pronto para nadar. A água está a deliciosos 29 graus e eu curto essa etapa, que sempre é a mais tranquila do dia.

Enquanto nado, minha mente se ocupa com o conceito de "recuperação ativa". O que estou fazendo neste exato instante — nadar — está me trazendo mais benefícios do que malefícios. Mesmo sendo uma prova longa, ela não está me destruindo. Está, na verdade, me fortalecendo, e eu realmente quero passar esta ideia para as pessoas, para que elas também possam se beneficiar.

Mas antes você tem que entender o conceito de "recuperação passiva" para compreender como ela difere da recuperação ativa e por que é tão importante. Sempre que estamos cansados ou com alguma parte do corpo doendo, é natural querer repousar, se deitar ou ficar de pernas para o ar num sofá. Os médicos prescrevem descanso para a maioria das doenças, ou talvez para todas elas, e isso, com certeza, não está errado. Todos nós precisamos de descanso, especialmente do tipo que representa uma mudança em nossas atividades normais, e às vezes daquele descanso que significa não fazer absolutamente nada, em que o corpo fica totalmente em repouso. Na comunidade esportiva, chamamos isso de recuperação passiva, o que significa deliberadamente diminuir e parar o movimento do corpo, para que ele fique inativo por certo período de tempo.

Esse tipo de descanso é muito importante para mim. Em meu escritório, tenho uma câmara de terapia de luz vermelha da Eleve. Parece uma velha cama de bronzeamento artificial, onde você se deita e fecha a tampa, só que, no caso, os raios emitidos são benignos. Há estudos que mostram que a terapia de luz vermelha pode ajudar no crescimento, restaurar as células e acelerar a cura de uma maneira geral. E eu quero toda a ajuda que puder ter. Vou aceitar qualquer oportunidade para me recuperar o mais rápido possível.

Para a recuperação passiva, utilizo uma câmara hiperbárica que otimiza a absorção de oxigênio. Dentro da câmara, a pressão do ar é três vezes maior que o normal. Esse oxigênio extra pode fazer maravilhas pelo corpo, e isso inclui combater bactérias e estimular o crescimento de células-tronco.

Com frequência passo uma ou duas horas dormindo à noite na câmara de luz vermelha, e só então vou para a cama comum. A câmara de luz vermelha ilumina o quarto inteiro, como se ele fosse mal-assombrado.

Nossos vizinhos provavelmente se perguntam que tipo de ritual macabro nós fazemos no fim do dia.

Outra ferramenta de recuperação passiva é o tanque de isolamento (às vezes chamado de tanque de privação sensorial). Preenchido com cerca de trinta centímetros de água salgada, o tanque de isolamento é escuro e à prova de som. Ele restringe todo estímulo externo, para que o corpo possa relaxar completamente e se reconstruir. No entanto, eles me causam claustrofobia, então costumo evitá-los.

VONTADE DE FERRO: Eis um fato poderoso: No caminho para a recuperação, o descanso não é a única coisa de que você precisa. Você também precisa — e muito — da "recuperação ativa". Se estiver cansado ou com o corpo dolorido, manter-se em movimento pode ser a melhor coisa.

Voltando à importância da recuperação ativa. Nos jogos de atletismo de meus filhos, sempre vejo umas crianças darem tudo de si numa corrida de curta distância, cruzarem a linha de chegada e se atirarem no gramado do campo. Parece a coisa natural a se fazer. Você corre, corre e corre o mais rápido que puder até cair. Mas se aquelas crianças se levantassem e caminhassem um pouco depois da corrida, se recuperariam mais rapidamente e se sentiriam melhor mais cedo.

A recuperação ativa envolve um exercício de baixa intensidade. Ela ajuda na recuperação porque mantém os músculos em movimento. O sangue flui para as regiões afetadas, reduzindo a formação de ácido lático e retirando o lixo metabólico. Caminhar e nadar são duas das melhores estratégias de recuperação ativa. Yoga e Tai Chi Chuan também são ótimos. Malhar com pesos superleves também pode dar certo. Até limpar a casa ou praticar jardinagem pode funcionar.

A recuperação ativa também age mentalmente, começando no âmbito biológico. O movimento produz endorfinas que fazem o corpo se sentir bem e minimiza a dor, e isso gera um efeito tranquilizante. Se você passa o dia inteiro num escritório, como era o meu caso, e teve um dia difícil no trabalho, uma das piores coisas que se pode fazer é chegar em casa e afundar no sofá. Tudo o que você está fazendo é ficar sem movimento — o dia inteiro. O estresse do corpo não tem para onde ir. Se você não se movimentar, o estresse vai se acumular na mente, na forma de ansiedade ou frustração. É muito melhor se mexer.

Você também dorme melhor depois que se movimenta. Se passarmos um dia inteiro, das 8h às 17h, sem atividade física, e depois ainda ficarmos sentados após o trabalho, dificilmente vamos dormir bem à noite. O movimento feito na recuperação ativa leva a um sono melhor, fazendo-nos sentir mais descansados no dia seguinte. Corpo e mente trabalham juntos.

Nesta manhã — mesmo enquanto participo de um triatlo de longa distância — estou praticando a recuperação ativa. Quando Carlee e Casey ditam o ritmo na piscina, eles cortam a água ligeiramente à minha frente, e eu curto ficar com o corpo na horizontal por uma hora e meia enquanto nado. Esse movimento é uma das melhores coisas que eu posso fazer pelo tornozelo inchado. A natação permite que o tornozelo se movimente de leve, com a articulação oscilando alguns graus a cada batida de perna. A mente relaxa. Concentro-me em cada braçada, cada batida de perna, cada rotação de dois minutos. Não estou sentado em casa, angustiado com uma parte do corpo que está machucada.

As endorfinas também me fazem me sentir bem. É a magia delas. No meio da natação, faço uma pausa no fim da raia e vejo um alvorecer magnífico surgindo no céu. O vermelho, o dourado e o cor-de-rosa pintam as cores do novo dia. Volto a nadar e a água está gostosa e refrescante. Corpo e mente trabalham em harmonia. Volto a apreciar o esforço dos dois amigos à minha frente e a quantidade de outros amigos e apoiadores que estão no deque da piscina, vibrando com a empreitada. Estou cheio de gratidão e penso no quanto sou abençoado por poder viver disso. A recuperação ativa está fazendo a parte dela. Sinto-me muito melhor do que se tivesse ficado na cama.

E você? Em que área da vida vai aplicar deliberadamente a recuperação ativa?

* * *

Quando termino de nadar, o sol já se ergueu completamente. Um grande grupo de ciclistas junta-se a nós para a etapa de ciclismo. Agora que meu corpo não está mais na horizontal, o tornozelo passa a esbravejar para as outras partes do corpo, mas as pedaladas repetidas não o estressam muito. Embora eu tenha 180km pela frente, o ciclismo também pode ser uma forma de recuperação ativa, se eu permitir. Para começar, eu realmente gosto de pedalar, portanto isso sempre me dá uma dose de ânimo psicológico. Além disso, outras partes do corpo podem estar sendo exigidas fisicamente, mas o tornozelo não está. O sangue está chegando até lá, circulando amplamente pelo corpo e ajudando a curar a região afetada.

No meio da etapa, paro para comer burritos e me abastecer e continuo pedalando. Aaron vai à minha frente, fazendo o magnífico papel de quebra-vento para que eu possa seguir em seu encalço. Enquanto pedalo, a mente se concentra nos temas mais amplos que envolvem a Conquista dos 100: que grandes benefícios decorrem de desafios difíceis, e que devemos procurá-los deliberadamente. É um conceito que eu quero transmitir em alto e bom som. Aprendi que, sempre que nos sentimos indolentes, temos que nos mexer. Temos que estabelecer mais uma meta, de preferência que envolva um desafio assustador — não um pequeno, que possamos superar facilmente, e sim algo ousado. Ajuda muito ser apaixonado pelo desafio, como eu sou por triatlos, mas nem sempre precisamos dessa paixão desde o início. Às vezes, eu não sei se vou curtir uma nova atividade, mas mesmo assim mergulho de cabeça nela e avalio depois. A paixão frequentemente aparece depois que começamos alguma coisa, não antes. Nunca vamos saber se vamos curtir um triatlo até enfrentar um deles.

Vejo um grande problema hoje em dia com tantos smartphones e pessoas passando muito tempo diante das telas. Uma criança recebe um desses lá pelos 12 anos, às vezes até antes, e a paixão por tudo o mais desaparece. Antes disso, a criança podia estar entretida com esportes, música, teatro ou algum *hobby*. Mas depois que recebe o celular, a única paixão passa a ser... o próprio celular. Pergunte a um garoto o que ele gosta de fazer, e normalmente eles dão de ombros e murmuram: "Sei lá, acho que ficar por aí."

Como desenvolver outras paixões? Primeiro é preciso se desligar das telas e experimentar coisas novas, especialmente aquelas que envolvem uma curva de aprendizado. Isso também vale para os adultos. Faça aulas de canto. Junte-se a um time de futebol, basquete ou vôlei. Aprenda a esquiar, mergulhar, andar de caiaque, praticar snowboard, jogar golfe ou fazer alpinismo. Entre num clube de atletismo. Complete uma trilha, acampe. Faça aulas de caratê. Aprenda a tocar violão, a falar uma nova língua, a jogar xadrez. Construa um foguete. Tire um brevê de piloto particular. Faça um esquete de comédia e se ofereça para apresentá-lo uma noite, num teatro local.

VONTADE DE FERRO: Você nunca vai saber se é capaz de se apaixonar por alguma coisa enquanto não experimentar. E tem de experimentar mais de uma vez. Você não vai ser um esquiador competente na primeira vez que andar na neve. Vai ter que passar por várias temporadas de esqui antes de ser realmente bom. Vai ter que se convencer de que a gratificação instantânea não acontece em certas atividades, mas a recompensa de aprender a encarar um desafio vale o esforço.

Todos nós temos uma jornada única e estamos em estágios diferentes dela. Quero que as pessoas encarem seus próprios desafios e enfrentem o que elas mesmas consideram "difícil". A coisa mais difícil para você é a coisa mais difícil *para você.* Certamente não tem que ser 100 triatlos em 100 dias. Além de aprender algo novo, talvez a coisa mais difícil para você seja parar de fumar, subir pela escada em vez de usar o elevador, ou simplesmente parar de comer alimentos pouco saudáveis. Os benefícios vão chegar à medida que você faz essas coisas difíceis regularmente. Diariamente. Não faça a *minha* Conquista dos 100. Faça a *sua.*

Aqui vai uma pergunta importante para se fazer: Quando foi a última vez em que você deliberadamente saiu de sua zona de conforto? A questão não é ansiar pelo desconforto só porque ele é desconfortável. O desconforto não é o objetivo. A questão é confrontar intencionalmente seus medos a fim de superá-los e fazer de você uma pessoa melhor.

Neste dia, a etapa do ciclismo é um tanto árida. A estrada está fria, mas limpa. A paisagem ao redor do lago Utah não tem vida, está toda coberta de gelo. Eu amo onde estou neste momento. Quando as pessoas fazem coisas difíceis, elas começam a viver seus sonhos. Meus sonhos evoluíram através das décadas. Quando eu era criança, ou mesmo adolescente, e competia em lutas, nunca imaginei que quando adulto me tornaria um atleta profissional — que minha profissão me manteria *sempre em movimento.* Mas aqui estou eu, fazendo meu trabalho, completando uma série de triatlos. Imagino que, quando chegar o fim da vida, seja lá quando isso acontecer, vou me perguntar: Eu vivi meu maior potencial como ser humano? Deixei alguma coisa por fazer? Consegui ser a melhor versão possível de mim mesmo? Parafraseando a poetisa Mary Oliver, vencedora do prêmio Pulitzer: Será que eu fiz tudo que eu podia com a minha única vida, minha preciosa vida, minha selvagem vida?

Quero que a resposta seja sim. Você também vai querer. Vai querer ter vivido sua melhor vida — seja lá qual for a maneira única como ela deveria ter sido vivida.

Sonhe comigo. Talvez isso signifique viajar de mochila pela Europa. Ou voltar à universidade e conquistar mais um diploma. Saltar de paraquedas no aniversário de 18 anos de sua filha, só porque ela pediu. Treinar para uma maratona e chegar ao fim. E depois correr outra. Neste processo, você vai se tornar uma pessoa ousada, gentil e compassiva. Perderá suas inseguranças. Vai se tornar sábio e generoso. Vai aprender como incentivar as pessoas quando elas estiverem tendo um dia ruim. Vai aprender a tratar com respeito todo mundo que encontrar. Talvez você comece uma empresa que gere empregos bem pagos para uma série de pessoas. E, nesse caminho, vá mergulhar de cabeça e se casar com o amor de sua vida. Vai criar filhos biológicos ou adotivos e mostrar a eles as maravilhas e os mistérios da vida. Só de brincadeira, vai descer uma rampa em U num carrinho de supermercado.

Qual é a melhor versão possível de si mesmo? Como começar a definir o que isso significa? Não há uma resposta única. A melhor vida de qualquer pessoa vai ser diferente para cada pessoa. Cada um tem sua própria definição de "difícil" e de "maravilhoso". Faça umas anotações num diário. Sonhe o mais alto que puder. Comece simplesmente se perguntando: *Qual seria a minha melhor vida?*

Seja correndo atrás dos sonhos, superando um novo desafio, ou simplesmente vivendo sua melhor vida — o mais importante é começar. Não espere pelo momento perfeito. Sempre é a hora certa para dar o primeiro passo. Então, o que está esperando? Comece a escrever, ainda hoje, à história da melhor versão da sua vida.

8

UM ALVO SEMPRE EM MOVIMENTO

Pedalamos num ritmo bom, na média uns 26km/h, e a mente se ocupa da ideia de que precisamos criar para nós mesmos alvos que estejam sempre em movimento. À medida que a jornada única de cada um se desenrola, o alvo do sucesso também se move permanentemente. À medida que cada um busca a melhor versão de si mesmo, e a viagem vai seguindo, o destino está sempre mudando e se modificando, como nós.

Não estou falando de um alvo móvel com uma conotação negativa, como um objetivo inalcançável. Digamos que você tenha um chefe que mude as metas no meio do caminho, e elas nunca possam ser satisfeitas ou atingidas. Esse é o tipo de chefe para quem ninguém vai querer trabalhar. Nunca é possível atingir o alvo, e isso vai deixá-lo frustrado. Mas vire essa ideia de cabeça para baixo e uma nova perspectiva vai surgir.

VONTADE DE FERRO: Pense num alvo móvel como uma referência viva de sucesso. Você traça uma meta e a atinge, depois traça outra e a atinge também. E por aí vai. O alvo do sucesso fica se movendo, assim como os marcos de uma estrada. Você atinge um, e já vem outro lhe instigando a ir em frente. Sua jornada o leva cada vez mais para cima e cada vez mais fundo. Você continua encarando seus desafios com foco e ambição e não para de perseguir, sem trégua, a melhor versão de si mesmo. A referência vai continuar se movendo enquanto você continuar crescendo.

Eu também quero isso em minha vida. A pessoa que eu sonhava ser aos 20 anos é diferente da pessoa que eu procurava ser aos 30. Estou sempre aprendendo com meus erros e perseguindo uma melhor versão de mim mesmo. Aos 45 anos, minhas metas são mais precisas e refinadas do que eram há dez anos. Olhando para a frente, quero estabelecer metas novas e diferentes na meia-idade e continuar criando e atingindo novos objetivos na terceira idade. Mesmo se soubesse que iria viver até os 103 anos, ainda assim iria querer estabelecer objetivos para os próximos anos. Nunca vou querer parar de crescer. A melhor versão de mim mesmo não é um alvo fixo, a ser atingido uma única vez.

Essa lição pode ser aplicada a muitas coisas. Enquanto sigo pedalando, penso em meu casamento. Sunny tinha 19 anos quando se casou comigo e eu, 24. Estamos casados há 23 anos, prosperando no casamento e na vida que criamos. As pessoas perguntam: "Como vocês se casaram tão cedo? Vocês mal se conheciam naquela idade. Não sabiam quem iam se tornar. Depois de vinte anos, vocês não vão ser as mesmas pessoas pelas quais se apaixonaram."

Sunny tinha 19 anos e eu, 24, quando nos casamos.
Sempre vamos querer crescer como indivíduos e como casal.

Eu respondo: "Perfeitamente. Nós dois mudamos."

E isso é um grande elogio. Se eu fosse a mesma pessoa que era aos 24 anos, seria uma péssima notícia. Se eu dissesse a Sunny que ela é a mesma pessoa que era aos 19, seria uma ofensa. Mesmo continuando tão apaixonados como no dia em que nos casamos, não iríamos querer ter a idade de hoje e ainda sermos casados com as versões antigas de nós mesmos. Já demos tantos passos bons na vida. Quero dizer, Sunny era ótima quando me casei com ela, mas agora ela é *incrível.*

Aprendemos que, quando crescemos juntos, nos tornamos pessoas diferentes. É por isso que o casamento pode ser complicado, especialmente no meio. Você tem duas pessoas que ainda não são as melhores versões de si mesmas. Ainda não realizaram todo seu potencial. Podem ter atingido um objetivo, mas erraram ao não colocar um novo. Os dois lados precisam continuar a crescer à medida que o casamento evolui. Os problemas surgem quando uma pessoa cresce e a outra, não. Aí os conflitos aparecem.

VONTADE DE FERRO: Para uma parceria evoluir, os dois lados têm que se dedicar ao processo de crescimento. Os dois precisam encarar desafios. Os dois precisam se erguer para enfrentar as adversidades. Os dois precisam confiar um no outro para se ajudarem mutuamente a atravessar essas fases e alcançarem juntos na linha de chegada, vibrando com as melhores versões de si mesmos.

Ainda estou refletindo sobre essas ideias enquanto terminamos de pedalar. Me sinto triunfante. O tornozelo continua inchado e dolorido, mas acabei de passar seis horas e meia na bike, encontrei um bom ritmo e uma boa rotina. Criei um impulso para a frente, e ele é bem-vindo. Acabei de completar dois terços do triatlo com o tornozelo muito inchado — mas o fato é que não foi tão difícil assim. Pelo menos, para o tornozelo, não. O impulso para a frente me dá confiança quando parto para a maratona.

Inicio num bom ritmo pela trilha Murdock, deixando que as pernas desgastadas sintam o asfalto sob os pés, ajustando para o novo ritmo de caminhada rápida. Com 32km de maratona, o sol começa a se pôr e o céu fica lindo. Amigos estão nas margens da trilha, entregando melancias recém-cortadas e biscoitos de aveia e passas. Eu paro e me sirvo. Quem pode recusar um biscoito de aveia e passas? Caramba!

Outras pessoas nos acompanham na maratona e várias me agradecem por não estar indo rápido demais. Acho que hoje todo mundo sente o otimismo. O tornozelo foi uma dificuldade imprevista na jornada, mas não me derrotou. Quando completamos a maratona, Casey sorri de orelha a orelha. Comenta que a sexta não pareceu tão longa quanto as primeiras cinco.

De noite, caio no sono na mesa de massagem. O tornozelo está inchado e o calcanhar em chamas enquanto Haydn trabalha nas bolhas. Mas sinceramente não estou preocupado com o amanhã. Posso descansar, sabendo que o amanhã vai saber cuidar de si mesmo. Cada dia tem problemas suficientes, mas eles não precisam me consumir. Os problemas podem ser parte daquilo que me forja e me refina. Para você também.

Pela manhã, o tornozelo continua inchado e sensível, mas eu continuo indo em frente. Não há mais nada a fazer. Esse é aquele estágio da jornada em que eu simplesmente tenho que aguentar firme. Mais de uma vez lembro a mim mesmo de que isso não é apenas questão de trincar os dentes e superar o que tiver pela frente. Tem muita coisa acontecendo nesse estágio. Eu me propus um objetivo aterrorizante porque queria continuar evoluindo. Agora estou em pleno desafio e a parte mais difícil chegou antes do esperado. Mas é exatamente aqui — bem no meio da parte difícil — que eu quero estar. Pelo menos por enquanto. A dificuldade ajuda a impulsionar meu crescimento.

No sétimo dia, um domingo, alguém deixa um *cooler* azul bem grande no 16º km da maratona com um cartaz: PARA A CONQUISTA DOS 100. Dentro tem uma série de lanches de graça. Eu me sirvo e me sinto tão bem que acelero o passo e corro uma parte do caminho.

Perto do fim da maratona, uma das unhas do pé, aquela do dedo cheio de bolhas, cai. Perder a unha, aliás, é uma coisa boa. Vai ajudar na cura. As outras unhas do pé provavelmente devem cair em breve. Tudo bem, elas precisam mesmo. O tornozelo continua sendo um desafio, mas talvez nos próximos dias o problema se resolva.

De maneira geral, a sensação é bastante boa depois de sete dias seguidos de triatlo superados. A primeira semana da Conquista dos 100 chegou ao fim. Temos trabalhado muito e nos esforçado para encontrar um bom ritmo. A equipe está a todo vapor. Caixas de roupas, óculos de sol, tênis, bandanas, cadarços, capacetes e suplementos alimentares aparecem todo dia, enviados pelos patrocinadores. Sunny é muito meticulosa, certificando-se de que todas as roupas e refeições estejam sempre onde precisam estar, a cada dia, mesmo só desfrutando de umas poucas horas de sono durante a noite. Lucy posta atualizações para os seguidores, cada post repleto de alegria. Lida com os e-mails e as mensagens diretas, com os nossos contratantes, desenha e envia mercadorias e filma partes do dia para as postagens. Ela também corre ou patina uns 10km nas maratonas a cada dois ou três dias. Meus outros filhos estão ocupados com os estudos, trabalho, esportes e amigos, e fazendo de tudo para serem apenas crianças. Aaron e Casey trabalham sem trégua como meus parceiros. E toda noite, Haydn e Felisha se esforçam para juntar meus cacos.

O oitavo dia parece ser mais difícil que o sétimo. Lutamos contra os ventos mais fortes que já enfrentamos nas provas de ciclismo. Mas há momentos surpreendentes. Sunny se junta a nós por 15km na maratona e eu passo a correr, para podermos manter o mesmo ritmo. Nossa filha Daisy patina 21km da maratona. Como está se sentindo bem depois de 21km, ela calça o tênis e corre por mais 15. Fico tão orgulhoso dela...

Um homem que eu não conheço junta-se a nós no 15º km e se apresenta como Watts. Conta que já esteve muito acima do peso, mas decidiu que isso não tinha que ser assim para sempre. Atualmente, é um mochileiro de carteirinha, corre e esquia na neve. Perdeu incríveis 52kg. Ele veio de avião do estado da Geórgia só para nos acompanhar. Quando terminamos, ele corre mais 15km para completar sua própria maratona. Respeito sua garra e dedicação. É para isso que serve a Vontade de Ferro.

Senti-me tão bem que corri 90% da maratona do dia, andando rápido só em 10% do caminho. Mas quando termina o oitavo dia, a exaustão parece vir com força total. Entro em casa e me dirijo direto à mesa de massagem. Felisha já está lá, me esperando, e franze a testa quando me vê.

— Você parece atordoado — diz. — Nunca o vi desse jeito antes.

Haydn aparece rápido para me ajudar. Estou infestado de bolhas. Os dois passam a trabalhar em mim, drenando as bolhas, se livrando daquele líquido nojento e remendando tudo de novo. Depois do trabalho nas bolhas, eles atacam o psoas, o músculo-chave da coluna vertebral, minhas tíbias e meus tornozelos.

A cada dia, os músculos se contraem mais. O corpo acumula ácido lático, por isso um dos trabalhos de Felisha e Haydn é quebrar o ácido lático e dissipá-lo pelo corpo, para que possa ser expelido. As massagens funcionam especialmente bem depois de uma longa jornada de bike. Você passa o tempo todo curvado, com os ombros pendendo para a frente. Por isso, eles fazem o sangue voltar a fluir, alongando os músculos e promovendo o reparo e a mobilidade dos tecidos profundos. Algumas massagens são relaxantes, como quando alguém simplesmente esfrega um óleo na pele. Mas Felisha e Haydn fazem uma liberação profunda nos tecidos, pegando forte, lenta e metodicamente, apalpando a pele com os dedos e os nós dos dedos, e de vez em quando com o cotovelo. Não é relaxante. Às vezes, quando as pessoas recebem uma liberação miofascial profunda no psoas, sentem vontade de vomitar. Eu já estou acostumado. Eles também trabalham em meus joelhos, depois passam bastante tempo nos quadris e na lombar. Felisha massageia os ombros. Querem manter os músculos soltos e em boa forma, tudo aberto e fluindo.

Haydn está extremamente preocupado com a bolha grande no calcanhar. Independentemente do quanto ele trabalhe nela, a dor só aumenta com as corridas de cada dia. Ele quer trazer um podiatra especialista em lesões de atletismo, mesmo que não conheçamos ninguém do ramo. Vai pedir para a Lucy fazer um pedido nas redes sociais amanhã, perguntando se alguém conhece um que esteja disponível.

Caio no sono na mesa e, em meus sonhos, estou dentro da água, mas dessa vez ela é escura e extenuante. Engulo um pouco d'água. Depois mais um pouco. Não consigo flutuar. Começo a me afogar.

Acordo em um segundo e sento abruptamente, puxando ar.

Felisha me olha como se acabasse de ter visto um fantasma.

— Está tudo bem? — pergunta.

As luzes na sala foram diminuídas. São quase duas da manhã.

— Foi um pesadelo — respondo e volto a me deitar.

Alguns dias terminam assim. Mas você não pode permitir que isso o impeça de se levantar pela manhã e começar tudo de novo.

* * *

No décimo dia, fico feliz por termos atingido finalmente a primeira dezena, mas ao mesmo tempo percebo que esse é apenas um décimo de toda a empreitada. E, de novo, afasto esse pensamento.

Hoje tudo parece difícil. Está nevando na hora da natação e eu volto a lutar contra as cãibras. Na etapa do ciclismo, o tempo está congelando, com ventos de inverno furiosos nos atingido de tudo quanto é lado, o pior que já enfrentamos. O pneu de minha bike estoura. Sunny manda uma mensagem de texto. Diz que está ficando sem voz.

Na maratona, não estou me sentindo bem o suficiente para falar. O tornozelo continua inchado. Os dedos estão um desastre. Quero correr a distância inteira, mas estou com muita dor. Caminhar rápido ajuda.

O dia tem seus bons momentos. Uma vizinha chamada Heidi me dá uma caneca de chocolate quente na trilha. Ela conta que, quando soube que estávamos preocupados com o frio que iríamos enfrentar, quis fazer alguma coisa para ajudar. O chocolate me aquece até a ponta dos dedos estraçalhados. Um garoto chamado Soren, de 12 anos, corre conosco por 16km. Sunny faz a maratona de patins ao meu lado. A sensação é ótima. Nossa filha Daisy patina por 21km. Eu amo todo esse apoio.

De noite, Haydn e Felisha trabalham em mim até depois da meia-noite. Fico alerta para não ter mais pesadelos, mas acordo grato por ter tido um sono tranquilo.

No 11º Dia, a natação é normal, mas voltamos a pegar chuva e ventos fortes no ciclismo. Estouro mais um pneu, o segundo da semana. Os últimos 8km são os mais difíceis. Em cada um parece que estou pedalando em uma ladeira íngreme.

Na maratona, meu tornozelo, ainda inchado, dói e eu sinto mais uma pontada de dor num dos joelhos. Acho que um tendão se rompeu. Lembro a mim mesmo de que tudo isso faz parte da experiência de crescimento.

Acordo otimista no 12º Dia. Sunny conta que está começando a parecer que estamos encontrando um ritmo, e eu concordo. Existem vários momentos de luz em cada dia, mesmo com todo o desconforto.

As etapas de natação e ciclismo passam sem incidentes, embora eu esteja um pouco mais cansado que de costume.

Mas, na maratona, meus joelhos e o tornozelo me fazem sofrer. Passam-se os quilômetros e eu continuo batalhando. Tenho que lutar para seguir em frente. Quero bloquear tudo o que está à minha volta para poder me concentrar apenas em colocar um pé na frente do outro. Meu filho Quinn, o caçula, participa de uma parte da corrida e isso melhora meu astral. Ele volta para casa e volto a ficar totalmente focado. Um passo. Depois outro, mais outro, e assim sucessivamente.

No 32º km, Lucy desaparece. Ela está de patins e fica no meio das pessoas, participando dos últimos 10km. Tem pelo menos umas 25 pessoas nos acompanhando na maratona aquela noite, por isso ela nem sempre está em meu raio de visão. Ela passa daqui para ali, tira fotos e posta algumas para nossos seguidores. Eu me concentro no chão. Na trilha. Em cada passo do caminho. Tudo dói.

Numa parte da trilha Murdock, uma rua cruza o caminho que percorremos. Uma ladeira em declive leva ao cruzamento. Já passei pela descida quando alguém no bolo de gente fala alguma coisa sobre Lucy. Percebo um alarme em sua voz, mas estou tão concentrado no próximo passo que demora uma fração de segundo até meus reflexos reagirem. A voz fica mais alta, repetindo a notícia. Lucy caiu dos patins no cruzamento. E se machucou feio.

Lucy está ferida.

Meu coração está aos pulos. Dou meia-volta e retorno até encontrá-la. O tornozelo e os joelhos estão urrando de dor, mas agora estou correndo. Vou ter que atravessar de novo todo esse trecho, mas não interessa. Nada mais importa no momento. Pedras grandes ladeiam esta parte da trilha. Só oro para ela não ter batido com a cabeça.

Minha filha está no chão quando chego perto dela. As pessoas estão em volta com lanternas. Alguém fala ao telefone.

Corro até ela, me agacho e falo:

— Você está bem?

Ela faz que sim e solta um suspiro. Limpa os olhos com as costas da mão.

— Onde você se machucou?

Ela me mostra e tenta diminuir a gravidade da queda, assegurando que só vai ter alguns hematomas enormes pela manhã, mas que está bem. Quer até terminar os 10km que faltam esta noite.

— Você consegue se levantar? — pergunto.

Ela faz que sim. Eu pego sua mão e a levanto.

— Fica perto de mim.

Lucy fica ao meu lado pelo restante da maratona. Ou talvez seja eu que fico ao lado dela. De qualquer modo, não vou perder minha filha de vista.

Cruzamos a linha de chegada juntos.

Mais tarde naquela noite, quando as luzes da sala diminuem, Lucy vem até mim na mesa de massagem. Haydn e Felisha trabalham em mim. Estou deitado de bruços, traçando garfadas de lasanha pela abertura do encosto de cabeça, o tempo todo gemendo de dor.

— Eu fiz um pedido esta noite, nas redes sociais — ela diz.

— Para quê?

— Para pedir que as pessoas orem por nós.

Engulo mais uma garfada.

— Seria muito bem-vindo.

Lucy continua por ali. Ela nasceu forte, ousada e irrefreável. Mas também tem o coração mole.

— Tem mais uma coisa — acrescenta. — Tem gente que acha que você é só o Caubói de Ferro, um atleta de elite hiperfocado que só pensa em concluir triatlos. Que você é só isso. Mas eu queria lhe dizer que eu sei que você não é só isso. E que eu sou grata.

Paro no meio da garfada.

— O que você quer dizer?

— Que eu pude contar com você.

Martele esta ideia na cabeça, até ela virar quase uma segunda pele. Todo dia que você se levanta, você tem uma tarefa: ser melhor do que foi ontem. Você se esforça, luta para melhorar e abraça seus desafios. Continue sempre elevando o sarrafo, porque as pessoas atingem a grandeza com um passo de cada vez. Por isso levante-se, esforce-se, dê tudo de si. A vitória definitiva consiste em se tornar a melhor versão de si mesmo, dia após dia. Entretanto, você investe nesta empreitada porque tem um motivo muito mais importante do que aperfeiçoar a si mesmo. Que motivo é esse?

É maior do que você.

VONTADE DE FERRO: Seu crescimento nunca é apenas em seu benefício. Não importa se sua área de influência são negócios, esporte, educação, família, política, arte, ou sua comunidade. O ideal é sempre juntar as pessoas para unir forças com você, em busca de esperança e felicidade. Aceite o desafio simples e direto de garantir que os outros possam contar com você. Seu crescimento é para o bem das pessoas que mais precisam de você. Nunca se esqueça: alguém importante está contando com você.

9

SEJA 100% VOCÊ MESMO, SEM CONCESSÕES

Apesar do melhor trabalho que Haydn pôde fazer em mim na noite anterior, meu tornozelo continua inchado pela manhã e o calcanhar está latejando. Levanto, dou uma olhada pela janela e faço um comentário ambíguo.

Está nevando.

As luzes da rua iluminam telhados e gramados cobertos de neve. Os flocos ainda caem do céu. Balanço a cabeça, sem conseguir acreditar. Já é meado de março em Utah e, pelos padrões do estado, qualquer coisa pode acontecer com o tempo. A neve pode ser linda, mas, diante de tantos desafios que vamos ter ao longo do dia, eu preferia não ter de enfrentá-la. Mas alguns problemas são assim.

VONTADE DE FERRO: Quando não conseguir resolver um problema, você vai ter que conviver com ele, pelo menos por algum tempo. Isso não quer dizer que você tenha de abraçá-lo como se fosse seu novo normal. O problema vai exigir criatividade para ser resolvido. Você vai ter que encontrar soluções para ele, ou dar um jeito de contorná-lo. Mas, por algum tempo, você vai ter que ser capaz de tirar o problema da cabeça até que possa dedicar toda sua energia a ele.

Olho pela janela da cozinha enquanto como o mingau de aveia. Com certeza não é diversão alguma fazer um triatlo sob um tempo tão inclemente, e eu certamente não desejo neve em todos os dias da Conquista dos 100. Mas, no momento, penso nas etapas de ciclismo e corrida deste dia, atravessando mentalmente as várias curvas pelas quais vamos ter que passar, pensando sobre a tração e torcendo para que ninguém escorregue e sofra um acidente. Tento pensar criativamente sobre tudo. Talvez novas combinações de roupa possam ser usadas contra o frio. Quem sabe diferentes tipos de alimentos possam ajudar a me manter aquecido.

Nossa terceira filha mais velha, Daisy, vem até a cozinha, se serve de um pote de cereais e fica ao meu lado, solidária. Daisy é uma pessoa muito objetiva, descontraída, sem papo furado, uma filha fácil de se criar. Ela aponta com o queixo para a neve lá fora.

— Isso também vai passar — fala baixinho, com um sorriso aberto.

Não posso deixar de sorrir de volta. Em casa, usamos essa frase para o que é bom e o que é ruim. O que é bom logo vai passar, por isso precisamos aproveitar cada segundo. E o que é ruim também vai passar, por isso existem poucas coisas que devem nos tirar do sério. Não há hipótese alguma de nevar pelos próximos 87 dias. Nem mesmo em Utah. A neve vai passar. Por enquanto, vamos ter que ser criativos e lidar com ela. Não posso fugir deste problema. Nem enterrá-lo. Tenho que dar um jeito de seguir em frente, apesar dele. Também sei que, se eu realmente me debruçar sobre a questão, ela vai me ajudar a fazer perguntas mais profundas sobre mim mesmo, perguntas espirituais. O que essa neve pode despertar dentro de mim?

O mesmo vale para você. Se você se debruçar com força sobre seu desafio e pensar criativamente nele, como ele poderá deixá-lo mais sábio, mais profundo, mais forte, e torná-lo uma pessoa melhor?

Tremendo de frio, visto meu macacão e entro na piscina externa do centro aquático. Carlee e Casey já estão lá dentro, olhando para a neve que cai, balançando a cabeça com incredulidade. Foi isso o que nos propusemos a fazer.

Eles partem ligeiramente à minha frente, para ditarem o ritmo. Braçada após braçada, vamos singrando pela água. No início da manhã, o céu está preto como se fosse tinta. Olho para cima e vejo flocos de neve caindo sobre nós, iluminados pelas luzes da piscina. Se eu pensar que o céu é a direção que eu quero alcançar, parece que estamos avançando rapidamente pelo espaço, dentro de um foguete. Mas a realidade me chama de volta. Vejo Sunny vestida com um enorme casaco de inverno, cronometrando o tempo no deque da piscina. Ela está batendo com os pés para manter-se aquecida. Meto meu rosto na água e sigo nadando.

Esta manhã estou dolorido. Sinto câibras no tendão da coxa esquerda e estremeço de dor. Procuro aliviá-la, tentando alongar e relaxar o músculo para que a perna continue com as batidas regulares. Volto a sentir o tendão e mais uma vez dou uma ordem para as pernas relaxarem. No final de cada volta na piscina, me viro com o máximo de cuidado possível, como se meu corpo fosse uma balsa lenta. Se eu tomar impulso na borda, sei que vou sentir câibras. Por isso, sigo em frente, apelando para todos os truques mentais e aquietando meu cérebro. Falo mentalmente palavras de incentivo para cada grupo de músculos, lembrando-lhes de que todas as partes do corpo são necessárias. Enquanto me movo pela água coberta de neve, entro quase que num transe, gradualmente perdendo a noção de onde estou. Passo a falar menos para meu corpo, e mais lentamente. Quero ficar neste momento, mas também desejo transcendê-lo. Me provar mais forte do que ele. Quero trazer este momento para a luz.

Uma das crenças mais centrais em minha vida é o poder de "trocar de marcha" mentalmente. Enquanto nado, reflito sobre como eu poderia passar esta ideia às pessoas. Sei que os pensamentos de uma pessoa têm uma enorme importância, afetando a maneira como agimos e como nos sentimos. Todos nós já vivenciamos como um pensamento negativo pode estragar um dia inteiro se não for refreado. Mas por que permitimos isso? Somos mais poderosos do que imaginamos, e nossos pensamentos não precisam nos controlar. Nós podemos controlá-los.

Imagine que você tenha 10 mil dólares no banco e alguém roube 50 dólares. Você jogaria fora todos os outros 9.950 que restaram? Claro que não.

Mas fazemos isso com os momentos valiosos. Cada dia tem 24 horas, num total de 1.440 minutos. Um colega de trabalho pode fazer um comentário maldoso para nós, ou uma amiga olha de um jeito atravessado, ou recebemos uma mensagem de texto infeliz. Todos esses incidentes negativos duram só um minuto. Contudo, é fácil permitir que este minuto infeliz afete o dia inteiro. Todos os outros 1.439 minutos vão por água abaixo.

VONTADE DE FERRO: Somos capazes de aprender como controlar nossos pensamentos. Podemos ativar as imagens positivas que quisermos em nossas mentes, ruminá-las e digerir o que elas têm de bom. Se estiver se sentindo dominado por um pensamento negativo — talvez solidão, desânimo ou desespero —, você não precisa ficar ruminando esse pensamento o dia inteiro, permitindo que essa negatividade contamine seu humor. Isso só vai obscurecer sua visão e capacidade de raciocínio. Você precisa tirar o pensamento negativo da cabeça. Você pode mudar a maneira como se sente mudando a maneira como pensa.

A surpresa é a seguinte: boas intenções não bastam. Adianta muito pouco simplesmente tentar se livrar de um pensamento negativo. Você pode dizer a si mesmo umas mil vezes para não pensar em nada de ruim, mas geralmente isso só piora as coisas. Pode ordenar a si mesmo para tirar um pensamento negativo da cabeça, mas, sozinho, esse empurrão não vai funcionar. Por que não?

Porque você precisa se aproximar do que é bom para se afastar do que é ruim. O pensamento negativo precisa ser substituído por um pensamento positivo. Você tem que trazer a luz à sua mente e escolher a iluminação. Uma vez dentro do cérebro, a luz tem um poder de expulsão maravilhoso. A escuridão não pode viver na luz, de modo que o pensamento positivo vai acabar expulsando o negativo.

É a mesma coisa quando um *jingle* de televisão irritante gruda no cérebro. Você pode fazer toda a força para expulsar o tal do *jingle*, mas só afastá-lo não vai bastar. Em vez disso, você tem que substituí-lo por outra música, uma que você curta. A música nova assume seu lugar de direito no cérebro, expulsando a anterior. O positivo substitui o negativo. A escuridão foge quando a luz se aproxima.

Hoje, na natação, não quero ficar pensando no tendão da coxa. Se eu permitir que minha mente se concentre nisso, só vou sentir ainda mais aquela dor. Vou ficar ruminando mentalmente sobre o tornozelo inchado, o calcanhar em brasa, a neve, e vou cair em desânimo. Em vez disso, escolho abrir minha mente para algo positivo. Faço um esforço e agarro uma imagem mental positiva, e deliberadamente coloco um pensamento iluminado no cérebro.

A imagem mental positiva que agarro hoje, como acontece tantas vezes, tem a ver com minhas viagens de infância. No verão, quando era criança, eu costumava visitar minha avó no vale Okanagan, na província de Colúmbia Britânica. Ela morava numa pequena cidade chamada Armstrong, que eu adorava, com seus belos lagos e montanhas ao redor. Essa imagem mental é um dos lugares em que me sinto mais feliz. Outras envolvem memórias positivas com pessoas da família e meus sucessos no atletismo ou no trabalho. Cultivei com cuidado uma série de memórias positivas que eu posso acionar sempre que preciso.

A ciência me dá razão.* Acionar no cérebro os pensamentos positivos ajuda o sistema nervoso a se recalibrar e se ajustar. À medida que os pensamentos negativos são expulsos da mente, os positivos ajudam a mandar sinais fortes e tranquilizadores para o corpo, diminuindo a liberação de hormônios do estresse e permitindo que você relaxe e mantenha o foco.

Minha força mental é maior que as cãibras ou a neve e, enquanto nado, entro deliberadamente na mentalidade de que nem a dor, nem o tempo vão impedir que eu conclua o triatlo de hoje. Você pode fazer a mesma coisa

---

* Claire Eagleson et al., "The power of positive thinking: Pathological worry is reduced by thought replacement in Generalized Anxiety Disorder", *Behav Res Ther*, 78 (março de 2016): 13-8. doi:10.1016/j.brat.2015.12.017. Epub 2016 Jan 8. PMID: 26802793; PMCID: PMC4760272. www.ncbi.nlm.nih.gov/pmc/articles/PMC4760272.

diante de qualquer desafio que esteja enfrentando. Traga deliberadamente pensamentos positivos para a mente, de modo a expulsar os negativos. Você vai relaxar e manter o foco. E sua nova mentalidade vai impulsioná-lo para a vitória.

Misture neve com ciclismo e o que acontece? Vinte ciclistas aparecem naquele dia, um número impressionante, e sou muito grato por este apoio. Todos fazem piadas sobre o tempo. Riem dele. Estamos positivos, trabalhando para chamar a luz.

Damos a volta no lago Utah, procurando encontrar o melhor ritmo. A estrada parece mais enlameada do que escorregadia e a neve não se prende ao asfalto. Mas um vento frio está soprando, e aquele sopro constante e congelante dá a impressão de estarmos presos num frigorífico. Visto quatro casacos, um por cima do outro sobre minha roupa normal.

Faz tanto frio que ninguém consegue falar. Para todo lugar que olho, a paisagem é branca e sem vida. Aaron vai na frente, e o pneu traseiro dele joga sujeira continuamente em meus óculos. Todos estamos atentos para acúmulos de gelo na pista. Quando contorno uma esquina próxima à parte norte do lago, sinto os pneus derraparem, mas consigo me manter de pé. No meio do percurso, minhas mãos estão tão frias que tenho dificuldade até em segurar o guidão. Na minha mente, já estou há muito tempo em climas mais quentes. Estou com a família numa praia ensolarada. Mergulhamos sobre lindas barreiras de corais. Ao terminar todos os 180km desta etapa, trago a cabeça de volta para o presente. Sim, eu estava totalmente consciente de como estava o dia, mesmo quando invocava aquelas cenas idílicas na minha mente para fugir da realidade.

Dizer que estávamos congelando é pouco.
(*Andrew Storer*)

Desço da bicicleta e comento com Aaron:

— Caramba. Foi a prova mais difícil que já fizemos.

— É — ele responde. — Eu nem consigo sentir meu rosto.

Meus filhos fizeram um boneco de neve, com direito a chapéu de caubói. Um cartaz ao lado diz: REDEFINA O IMPOSSÍVEL. FAÇA COISAS DIFÍCEIS. Isso me faz rir, mas estou mancando ao entrar em casa para trocar de roupa. Meu corpo está tão frio... Os dedos nem conseguem se mexer para tirar o capacete. Sunny me ajuda a trocar de roupa. Tomo sopa, como bolinhos quentes e um macarrão também quente. Ela me leva até o ponto em que começa a trilha Murdock.

Enquanto contemplo a maratona que vem pela frente, minha mente volta a flertar com a escuridão. Não tenho a menor vontade de correr hoje. Mas escolho dar o primeiro passo, depois mais um, colocando um pé na frente do outro, sempre em frente, ordenando às pernas que se fortaleçam com cada passo, trabalhando para atrair a luz.

Um bom número de pessoas se junta a nós e, com 25% do trajeto percorrido, a neve se transforma em chuva forte. Com 16km de percurso, paro na trilha para comer um pratão de ensopado quente de carne. Aquilo me aquece e vamos em frente. Vários espectadores apareceram para assistir, mesmo com um tempo tão ruim. Ficam na chuva batendo palmas e erguendo cartazes. O sofrimento despertou o melhor nas pessoas.

O sol nasce no 14º Dia, que marca o final da segunda semana. Meus pés doem e entramos no horário de verão, de modo que perdi uma hora preciosa de sono. Para aumentar ainda mais meus problemas, meu corpo está retendo muitos fluidos e não sabemos por quê. À noite, parece que sai tudo. Eu suo tanto de madrugada que chega a ser difícil tirar a camisa de manhã. Em silêncio, faço um voto para ir em frente. *É isso o que eu sei fazer.*

A natação da manhã corre sem um único problema. Quando subo na bicicleta e inicio o percurso, fico grato por não estar mais nevando, mas o tempo ainda está frio e escuro, com ventos fortes soprando de todo lado. Completamos o percurso em pouco mais de sete horas. Parece que o tendão que fica atrás do meu joelho acabou de se soltar.

Um sol frio aparece durante a maratona. Todos os meus cinco filhos patinam comigo na primeira parte do trajeto. Com 16km, paro e troco de tênis, na expectativa de aliviar os pés tomados por bolhas e tirar um pouco da pressão no tendão do joelho, mas nada ajuda. Estou mal e luto para colocar um pé em frente ao outro, me esforçando para manter os pensamentos positivos.

Pessoas da região aparecem em números cada vez maiores para nos apoiar ao longo da estrada. Nós as amamos tanto... Elas mandam e-mails simpáticos para a equipe e erguem cartazes de incentivo durante o trajeto. Às vezes, escrevem mensagens com giz no asfalto. Hoje, alguém escreveu DETONE ESTE DIA. Outra pessoa escreveu VIVA, O SOL APARECEU. Tudo isso me faz sorrir.

Mais alguém — não sei quem — desenhou traços no chão com giz, um para cada dia da empreitada. Nós passamos por esta parte da trilha várias vezes, e eu tenho certeza de que a pessoa que teve a ideia quis nos incentivar. Mas ainda estamos no início da Conquista dos 100, e eu estremeço só de ver como são poucos os traços no chão. É um lembrete de que ainda temos um longo caminho pela frente. Dou uma ordem para que a mente pare de focar no negativo.

Uma vantagem do horário de verão é que o sol se põe uma hora mais tarde, o que traz mais luz, embora nós ainda terminemos a maratona quando está escuro. Mais um longo dia se foi. Tenho esperança de que a noite vai trazer uma reviravolta para meu tornozelo e o calcanhar, para as bolhas e agora esse tendão problemático. O acúmulo de dor que senti hoje chegou ao limite do insuportável.

Aí chego ao 15º Dia.

Meu mundo inteiro explode. Todos os problemas que eu tenho vão às alturas. Surge uma nova agonia, sobre possíveis fraturas por estresse. Sinto como se os ossos das pernas estivessem sendo martelados. A dor chega ao nível 20. "Apenas siga em frente", falo baixinho para mim mesmo, mais de uma vez. Mas a dor intensa e inclemente me persegue pelo 16º, 17º, 18º, 19º e 20º Dias.

Uma semana dos infernos.

No meio desse período de escuridão massacrante, acontece uma coisa que jamais experimentei em todos os meus anos de competições de atletismo. Uma coisa tão fora da realidade que mal consigo descrever.

Enquanto corro, sinto que não estou dormindo, porque tenho total consciência de estar no meio da maratona, em plena Conquista dos 100. Sei que não estou sonhando, porque estou dolorosamente consciente de cada passo constante que dou com meus tênis na trilha. Adormecer momentaneamente enquanto caminho não chega a ser uma novidade. Já aconteceu na bike ou enquanto eu andava rápido, ou quando estou deitado na mesa de massagem, enquanto como ou mesmo no meio de uma frase, sendo entrevistado por um repórter. Mas a nova sensação não se parece em nada com essas coisas. Digo a mim mesmo: *Muito bem. Estou bem acordado. Totalmente acordado. Não estou sonhando. Mas o que é que está acontecendo comigo?*

Casey está vindo em minha direção e sinto que ele acabou de evitar que eu caísse e me pôs de pé mais uma vez. A voz dele ecoa, como se eu estivesse num túnel. Minhas pernas fraquejam, mesmo eu estando em pé e me mexendo, caminhando com força, um pé bem na frente do outro. É como se meus músculos não existissem mais. As pernas estão como se fossem geleia. Tento concentrar os olhos no que está logo à frente, mas agora já não consigo mais enxergar claramente a trilha. Não faço ideia de que dia é. Lembro que faz algum tempo que o Dan falou pela primeira vez em usar aqueles apoios de carbono para as pernas. Sei que eu aprovei a ideia, mas o equipamento ainda não chegou.

Faço força para me concentrar, mas a névoa volta a ocupar meu cérebro. Sinto um puxão interior, incrivelmente estranho, e a percepção não vem mais dos sentidos. É como se meu espírito estivesse se remexendo dentro do corpo, ansioso por voar e ir embora. Aí acontece uma coisa incrivelmente bizarra.

Como um fantasma, eu me ergo acima do meu corpo.

Flutuo no ar sobre mim mesmo. Minha consciência não está mais dentro de mim. Posso realmente me ver enquanto caminho rápido. Os olhos da mente estão bem alto, acima de mim. O restante do corpo fica lá embaixo.

James Lawrence que enxergo na trilha está tremendo. Seus olhos estão fixos à frente, como se ele fosse um zumbi, e percebo que o tal do James está fazendo uma coisa muito esquisita com a mão esquerda. Num reflexo, meu polegar toca o dedo indicador, depois vai tocar o do meio, depois o anelar e, finalmente, toca o dedo mindinho. Uma sequência de quatro movimentos. Vejo o tal do James repetir a mesma sequência, enquanto tenta caminhar rápido.

James nunca fez isso antes. Meu corpo está no piloto automático. O movimento esquisito da mão deve ser um sintoma do quanto estressada minha mente ficou. Pela primeira vez na vida, o cérebro lógico não está no comando.

Vejo James tropeçar de novo, mas, antes de cair, Casey o segura. Casey grita alguma coisa para ele. O eco fica cada vez mais claro e escuto:

— Vamos em frente!

Num estalo, o espírito volta para dentro de corpo e estou inteiro de novo, de volta à caminhada rápida pela trilha. Foi minha primeira experiência fora do corpo.

Sim, foi real.*

No 21º Dia, a órtese chega. O nível de dor começa a diminuir. No 22º Dia, já desabou para o nível quatro. O alívio é quase inacreditável. A tal da órtese está funcionando.

Quando termino o triatlo daquele dia, agora com a cabeça mais leve, volto a refletir sobre a questão do porquê. Muita gente me pergunta sobre motivação e, mesmo quando ouvem meus motivos, elas se perguntam por que eu estaria disposto a me submeter a tamanha agonia. Por que eu estaria disposto a, deliberadamente, passar por uma dor tão intensa, por meio da qual chego a vivenciar uma experiência fora do corpo?

Dentro de mim, tenho minha própria cesta de porquês. Mas as pessoas não querem uma dúzia de motivos. Querem reduzir tudo a um só, algo que as faça entender. Eu digo apenas: "É isso o que eu sei fazer." Fiz um levantamento de meus dons, aprimorei meus pontos fortes e cheguei à conclusão de que a única coisa que me torna realmente único é minha capacidade de aguentar o sofrimento. Fazer esta descoberta, e a extrapolar ao máximo, permitiu que eu redefinisse os limites do impossível.

Sempre tive uma capacidade incrível de resistência. Em meados dos anos 1990, depois de completar o ensino médio, estava procurando dar

---

* Psicólogos já atestaram que a dor intensa pode ativar respostas extremamente singulares, durante as quais "o centro de consciência parece, para quem vivencia esses momentos, ocupar temporariamente uma posição espacialmente remota do próprio corpo". Harvey J. Irwin & Caroline A. Watt, *An Introduction to Parapsychology*, 5ª ed. (Jefferson, NC: McFarland, 2007), p. 179.

Da mesma maneira, os pesquisadores ingleses David Wilde e Craig D. Murray observaram "que uma experiência fora do corpo possa acontecer está fora de dúvida. Se o acontecimento é uma separação literal de alguma coisa do corpo físico, ou uma forma sofisticada de alucinação é algo que ainda precisa ser investigado." Vide "Interpreting the Anomalous: Finding Meaning in Out-of-Body and Near-Death Experiences", *Qualitative Research in Psychology* 7, no. 1 (2010): pp. 57-72.

uma direção a minha vida. Comprei uma motocicleta, joguei muito golfe, e trabalhei principalmente como *barman* até os 23 anos, quando decidi levar a vida mais a sério. Consegui um trabalho de petroleiro no norte da província de Alberta. Os caras na sede só rabiscaram as coordenadas do local de trabalho, sem nenhum endereço, e mandaram que eu encontrasse o campo de petróleo. Saí da casa de meus pais e circulei pelo norte de Alberta, sem nunca encontrar qualquer coisa remotamente parecida com uma torre de petróleo. Os quilômetros se passavam e tudo o que eu via eram tundras desertas. Foi a única vez na vida em que desisti de uma coisa antes de começar.

Voltando para Calgary, e me sentindo mais aliviado que decepcionado, liguei o rádio. A emissora estava patrocinando um concurso para promover o festival Calgary Stampede. Por dez dias, dez concorrentes sortudos subiriam e desceriam sem parar na roda gigante do evento. Qualquer sobrevivente que ainda estivesse na roda ao fim dos dez dias dividiria o prêmio de dez mil dólares. *Moleza*, pensei. *Vou ganhar.*

Liguei para a estação sem parar e consegui entrar no concurso. Cada concorrente ganhou um walkie-talkie para poder avisar aos juízes quando quisesse desistir. As regras eram simples. Nós não podíamos comer, beber, ler ou ouvir música individualmente enquanto estivéssemos na roda gigante. Tudo o que podíamos fazer era ficar sentados. Sentiríamos calor quando fizesse sol, ficaríamos molhados na chuva e sentiríamos frio no escuro. Qualquer roupa que estivéssemos vestindo no começo de cada dia tinha que ser usada por todo um período. Por exemplo, se estivéssemos de chapéu no início do dia, não poderíamos tirá-lo da cabeça. A cada seis horas, tínhamos um intervalo de dez minutos para usar o banheiro ou devorar um lanche rápido. À meia-noite, a roda gigante encerrava as atividades e tínhamos que dormir nos assentos duros de plástico até as 7h30 da manhã seguinte, quando ela voltava a funcionar, sem direito a travesseiro ou cobertor. A cada duas noites, tínhamos permissão para voltar para casa, tomar banho e mudar de roupa.

Foi preciso apenas uma hora para o primeiro concorrente entregar os pontos. Os outros permaneceram até o sexto dia, quando, um por um, começaram a desistir. No sétimo dia, uma tempestade pesada se abateu sobre nós, deixando-nos encharcados, mas eu tinha estudado a previsão do tempo e usado roupa de chuva naquele dia. Um concorrente soltou o suspensório das calças depois que o sol apareceu e foi desclassificado.

O ponto de partida para tudo o que aconteceu em minha vida foi aguentar o sofrimento numa roda gigante.

Eu fui o último. Quando o assunto era ficar aborrecido, encharcado, sentir frio, calor, fome, ter vontade de urinar ou ficar sozinho com meus pensamentos, eu podia vencer qualquer um. Usei os dez mil dólares do prêmio para viajar a Utah e visitar um amigo. Enquanto estava lá, conheci Sunny e me apaixonei por ela. O resto é história. O ponto de partida para tudo o que aconteceu em minha vida foi minha capacidade única de lidar com o sofrimento.

Sempre que eu conto essa história, acrescento: Não tentem fazer isso em casa.

De jeito nenhum. Não desejo de forma alguma que alguém vivencie a dor que eu sinto. Na Conquista dos 100, minha jornada diz respeito a alcançar meu maior potencial e sustentar minha família. Esportes de resistência são meu trabalho. Também levanto fundos para boas causas e ajudo outras pessoas a conquistarem seus sonhos, quaisquer que eles sejam. De maneira geral, quero gerar esperança. Quero que as pessoas vivam, especificamente, suas melhores vidas, seja lá o que isso possa significar para cada um.

Na cultura moderna, tem muita gente que admira alguém e diz: "Eu queria ser como ele." Mas isso só produz uma sociedade de imitadores. O que eu quero é que as pessoas criem suas próprias pistas — seja lá o que isso represente para cada um. A mensagem que eu quero passar é a seguinte:

Seja 100% você mesmo, sem concessões.

Descubra o que faz você ser realmente diferente, aquilo que você ama fazer, e então proclame com todas as forças sua singularidade. Das mais de oito bilhões de pessoas que existem no mundo, não há duas com as mesmas impressões digitais. Ninguém é exatamente como você, exceto você.

VONTADE DE FERRO: Você tem uma vocação única. Confie em quem você é. Descubra o que é importante para você. Depois crie uma quantidade saudável de autoconfiança e corra atrás de seus objetivos com toda sua força. Crie uma tendência. Eleve seu próprio nível. Claro que é bom ter alguém para servir de exemplo, que lhe inspire, mas seja dono de si mesmo. O mundo precisa de seu ser autêntico. Seja uma força para o bem. Encontre seu propósito, agarre-se a ele e mude o mundo.

No comecinho da Conquista dos 100, quando o pelotão da frente dava a volta no lago Utah sob o sol frio e brilhante do terceiro dia, de repente nos deparamos com Tartarugas Ninjas dançando ao lado da estrada. Pareciam ser pais e filhos fantasiados. Eles gritavam e nos apoiavam, segurando um cartaz, enquanto passávamos voando por eles de bike. *Legal*, pensei.

No quarto dia, eles apareceram de novo. A mesma família. No mesmo lugar. Com fantasias diferentes. Agora eram o Elmo e o Come-Come pulando. Pensei: *Esses caras são incríveis.*

No quinto dia, seja lá quem estivesse fantasiado juntou-se mais gente ainda. Agora era uma turma grande vestida como um coral de igreja.

Esta família maravilhosa aparecia todo dia com uma fantasia diferente.

Cantando e dançando. Alguém tocava um tamborim. Aqueles dias no início eram bem frios para a gente. No começo, não recebíamos muito apoio na prova de ciclismo. Ver estranhos torcendo para nós ao lado da estrada dava uma sensação ótima.

E, a partir daquele momento, o mesmo grupo aparecia e vibrava todo dia. A cada dia usavam fantasias diferentes. Caubóis. Duendes jogando confete. Uma família de tubarões amigáveis. Personagens de *Guerra nas estrelas*. Outros dias eles traziam lanches para nós comermos enquanto passávamos. Sanduíches de manteiga de amendoim. Barras de cereais. Frutas. Fatias de pizza quente. Não conseguia entender por que estavam fazendo tudo aquilo por nós, mas gostei. Curioso, me perguntei por que uma família teria tantas fantasias.

Depois a família se apresentou, via e-mail, a Lucy. O casal se chamava Kyle e Kylie e tinha três filhos. Kylie se aproximou de Sunny e elas começaram a trocar mensagens de texto. Pelo que contaram, eu tinha dado uma palestra anos antes na empresa em que Kyle trabalhava. Desde então, o casal passou a me seguir nas redes sociais. Disseram que apreciavam minha capacidade de me jogar de cabeça e fazer alguma coisa bem difícil.

Já o motivo para as fantasias na Conquista dos 100 era o fato de a mãe de Kylie ter uma loja de fantasias de Halloween. Quando Kyle e Kylie descobriram que o trajeto do ciclismo passaria bem em frente à casa deles, pareceu natural o papel que desempenhariam. Iam se fantasiar e torcer. Parecia uma coisa divertida de se fazer, explicaram. Kyle era dono de uma empresa de limpeza de janelas, portanto seus horários eram flexíveis. Em alguns dias, além de se fantasiar e torcer por nós no trajeto, Kylie pegava as crianças e as bicicletas e as levava até a trilha Murdock. Elas pedalavam uma parte da maratona que eu corria. Num dia da etapa de ciclismo, eles não tinham mais fantasias novas e viajaram até o Colorado, onde a mãe tinha um depósito. De lá trouxeram uma picape inteira de fantasias para quem quisesse usar.

Com o passar dos dias, o apoio deles foi além das fantasias e da torcida. Os benefícios surgiam em mão dupla — deles para mim, de mim para eles — e aqui voltamos ao ponto da capacidade da luz de expulsar a escuridão.

Kylie explicou que sofria com frequência de depressões temporárias bem desagradáveis. Às vezes, a situação era tão ruim que ela ficava de cama três semanas seguidas. As fantasias e a torcida eram uma maneira de ela sair da cama. Por mais bobo que parecesse no começo, o plano era divertido, além de algo positivo a se fazer com os filhos. Quando passávamos por eles de bicicleta, ela apontava para nós e ensinava aos filhos a importância de fazer coisas difíceis. Viramos uma lição móvel e objetiva sobre a importância de tomar uma decisão e ter a garra de cumpri-la.

Numa tarde, Kylie apareceu na trilha Murdock e perguntou se podia correr a maratona com a gente. Sorri e lhe dei um abraço. Claro que sim.

Ela não tinha treinado, contou, mas tinha sido uma excelente atleta antes de ter filhos, e decidiu que voltar a correr era uma coisa que ela precisava fazer por si mesma. E de imediato.

Foi o que ela fez.

Quilômetro após o outro, a mesma mulher que lutava para sair da cama corria a maratona inteira com a gente.

Quando ela cruzou a linha de chegada, estávamos todos aos prantos. Todos gritando de alegria. Juntos, estávamos navegando pela escuridão e chamando a luz. Ela estava cheia de coragem, cheia da Vontade de Ferro.

10

FAZENDO UMA ESTRELA NOS DIAS DE OPERÁRIO

Sunny ficou acordada até as duas da manhã nas últimas noites. Às quatro, já estava de pé. A cada dia, ela cumpre uma série de tarefas, desde fazer uma reunião de alinhamento com os membros da equipe, preparar a comida, se esforçar para que as transições sejam mais eficientes, acompanhar minha transferência da mesa de massagem até a cama, ou da mesa para a câmara hiperbárica, e só então dormir. A exaustão também está afetando-a. Alguns dias se prolongam tanto que temos que nos esforçar para lembrar se ele está terminando ou só começando.

Na vida fora da Conquista dos 100, somos pessoas bem equilibradas. Nem muito ao mar, nem muito à terra. Esforçamo-nos para ser coerentes. Uma maneira de fazer isso, especialmente quando queremos passar essa qualidade para os filhos, é vivendo um dos lemas da família: "Seja o tipo de pessoa que você gostaria de ter por perto."

Todo mundo é cheio de energia, e qualquer energia que enviamos ao mundo de certa maneira volta para nós. Se formos sempre pessimistas, reclamões ou sem alegria, sempre emanando energias negativas, pouca gente vai querer estar perto de nós. Mas se optarmos por ser alegres, gratos e otimistas, emanando energia positiva, ver o mundo com otimismo e coração pleno, isso atrai as pessoas para nós.

Na nossa equipe de marido e mulher, às vezes alguém tem que ceder. O mundo joga umas bolas traiçoeiras contra nós, e é saudável responder com emoções. Quando um dos dois está para baixo, cabe à outra pessoa levantá-la. Relacionamentos nunca são nem podem ser 50% de cada lado. Quando a energia da Sunny está nos vinte, eu tenho que estar a oitenta. Quando eu caio para dois, ela sobe para 98. Nós revezamos e invertemos os papéis.

Quando saio pela porta na manhã do 23º Dia, rememoro uma coisa que gostaria de sublinhar para as gerações mais jovens: se você planeja se casar, escolha seu parceiro ou parceira sabiamente. Tenha padrões elevados e não se contente com pouco. Quando eu era pequeno, minha mãe costumava dizer: "Cuidado com quem você anda. Porque com quem você anda é com quem você vai namorar. E com quem você namorar é com quem você vai se casar."

Esse conselho também serve para outras áreas da vida: amizades, parceiros de negócios, grupos de afinidade, mentores e mentoreados. Se as pessoas com quem você anda estão sempre deprimidas, isso pode lhe prejudicar. Se as pessoas com quem você se associa não são éticas, isso vai lhe afetar. Mas se forem apaixonadas, bondosas, otimistas, flexíveis, confiáveis e verdadeiras... aí todos saem ganhando.

VONTADE DE FERRO: Como as pessoas com quem você anda lhe influenciam, o melhor é andar no meio de gente correta. Elas chegam na hora e trabalham em alto desempenho. Você pode confiar nelas e elas em você. O ideal é que as características positivas delas o influenciem para sempre.

O 23º Dia pareceu vazio. Normalmente eu gosto do número 23 porque é o número do astro da NBA LeBron James, de quem sou um grande fã. Mas o Dia 23 parece inconsequente na Conquista dos 100. Uma parte da empreitada ficou para trás, mas ainda há muito pela frente.

Também tenho me sentido mais lento ultimamente, demorando mais para fazer as transições entre as etapas. Lentamente, minhas reservas de adrenalina estão se esgotando. A mera empolgação da jornada não é mais incentivo suficiente. Expulso esse pensamento da cabeça e sigo em frente.

No dia seguinte, mudamos o trajeto da etapa de bicicleta. A rota anterior ao redor do lago era linda, mas isolada. Se outro ciclista quisesse me apoiar pela metade do caminho, teria que dirigir 90km para me acompanhar — o que é muito inconveniente. Por isso, a nova rota vai na direção sul e depois ao oeste, saindo da minha casa e passando pelas cidades de Pleasant Grove e Sunset Heights, depois pelos campos de Lake Shore, Benjamin e West Mountain. Vamos atravessar parte do mesmo circuito três vezes. Tem um supermercado no meio do caminho e vários postos de gasolina ao longo do percurso, onde podemos fazer paradas rápidas para usar o banheiro, comer *muffins* ou beber um energético. Esse trajeto permite que passemos por mais casas, mais estradas, mais pessoas e mais lugares, facilitando para quem quiser nos acompanhar.

Na primeira parte, quando saímos de Provo, vemos um burro solitário à toa nos fundos de uma casa. Todo mundo acena para ele ao passar. Enquanto pedalamos, começamos a contar quantos botijões de gás aparecem nos fundos das casas. Nem sempre é fácil de perceber. Às vezes, eles estão escondidos atrás das cercas ou parcialmente camuflados pelos arbustos. É um divertimento bobo, mas ajuda a passar o tempo. Contamos vinte ao terminar a primeira volta. Gosto dessa nova rota e acho que ela vai funcionar bem até o fim da jornada.

Entre o ciclismo e a corrida, decidimos testar mais uma novidade. Passo uma hora na câmara hiperbárica com a tíbia e o tornozelo recebendo aplicações de gelo ao mesmo tempo. Caio num sono profundo. O tratamento na câmara me dá o alívio mental de ter que administrar a dor e também ajuda a diminuir a inflamação nas pernas antes de começar a maratona. Começo a correr às quatro da tarde e me sinto melhor do que nos últimos dias.

O 25º Dia amanhece parecendo ser mais um dia comum. Chove e alguns poucos flocos de neve caem do céu junto com a chuva. As ruas estão limpas e molhadas. O novo trajeto de bike é exatamente o que esperávamos que fosse: plano, divertido, cheio de campos e casas dispersas. Num dos trechos, tem um longo cercado com três cavalos. Eles correm até a cerca mais próxima, os focinhos inquisitivos, como se quisessem saber qual é a nossa. Depois dão a volta juntos e, como numa procissão, galopam conosco por todo o comprimento da cerca, que é mais ou menos do tamanho de um campo de futebol americano. As crinas voam macias ao vento e sentimos no peito o trovão das ferraduras batendo no solo.

Nossos novos melhores amigos, correndo conosco todo dia.
(*Matthew Norton*)

Qualquer empreitada tem aqueles dias que eu chamo de Dias de Operário. É como bater ponto, fazer seu trabalho e voltar para casa. Eles te forçam a lidar com a repetição, independentemente de você estar colocando pinos em buracos, fritando hambúrgueres ou disputando triatlos. No longo prazo, os Dias de Operário reforçam a fidelidade, confiabilidade e uma resistência obstinada.

Sempre que um novo empreendimento é anunciado, há um momento inicial de empolgação, quando somos tomados pela expectativa e a ansiedade de começar logo. Aí você parte para a jornada e começa uma rotina. As pessoas perdem a empolgação inicial e experimentam momentos difíceis. Você se depara com desafios inesperados e tem que ser criativo e encontrar uma maneira de superá-los. Isso acontece quando se começa num emprego novo, quando se estabelece uma meta importante ou quando passamos por uma mudança na vida.

VONTADE DE FERRO: Os Dias de Operário são uma parte importante do caminho para o sucesso. Eles são o verdadeiro teste de fidelidade. Você simplesmente terá de atravessá-los. Continue positivo. Expulse os pensamentos negativos da mente. Envie boas energias. Procure centelhas de luz onde puder.

Na noite do 25º Dia, na mesa de massagem, bato mais um pratão no jantar e reflito um pouco mais sobre os Dias de Operário e como precisamos nos manter atentos. Precisamos nos certificar de que não estamos apenas vivendo confortavelmente. Precisamos manter a fome, não só de comida, mas de vitória.

A conclusão do 50.50.50 me trouxe um sucesso muito maior do que eu sonhava. Ela me trouxe fama internacional, lançou minha carreira de palestrante e proporcionou uma vida de abundância. Tanta coisa positiva, tanta atenção, tanto conforto... bem, acho que foi conforto demais. Dar palestras ficou fácil. Ganhar dinheiro, mais fácil do que nunca. Eu não estava mais me colocando propositalmente em situações que me deixassem desconfortável.

Quando veio o isolamento por causa da covid-19 e eu voltei para aquilo que sabia fazer melhor — treinar para feitos incríveis de resistência —, descobri que tinha perdido minha vantagem. Tive que lutar muito para que ela voltasse. Esse é um incentivo que quero passar para todo mundo. Se eu pude fazer isso, você também pode.

VONTADE DE FERRO: Independentemente do quanto você seja bem-sucedido, tem que manter a fome que o levou até onde está. Fome por dificuldades, por mudanças e por estar sempre progredindo. É essa fome que o mantém afiado e leva à transformação.

Naquela noite, volto a procurar meu valentão interior. Depois dos dias de rotina que estamos tendo, tenho que ter certeza de que ele continua por perto. Nossa relação é um tanto paradoxal. O valentão interior é aquela voz que aparece e debocha de você — especialmente nos momentos de cansaço e de dor, ou quando partimos numa nova empreitada — e nos leva a questionar a nós mesmos. O valentão pergunta: *Você realmente acha que é bom o suficiente para isso? Você realmente tem força para isso?*

Normalmente, costumo calar a boca do valentão interior. Mas também ouço o que ele diz, e isso exige uma explicação mais detalhada. Houve um tempo em que eu achava que o valentão só servia para ser silenciado. Mas percebi que ele pode ser um aliado eficaz. Quando não ouço a voz dele por algum tempo, é sinal de que estou muito complacente, de que estou regredindo. Se não estou ouvindo a voz dele, me pergunto: *Será que estou à vontade demais? Tem alguma coisa me desafiando?*

VONTADE DE FERRO: Isso vai lhe surpreender: seu valentão interior pode ser seu aliado, se você souber administrá-lo bem. Quando ele estiver atirando mentiras em você, é bom calá-lo. Mas se ele estiver tentando lhe tirar da indolência, então será um motivador. Quando ouvir a voz de seu valentão interior, isso significa que ele ainda está aparecendo em sua jornada. Você está fazendo coisas que o desafiam.

Tem gente demais no mundo que só escolhe a paz e o conforto, tentando alcançar um país das maravilhas mágico, onde trabalhar não é problema, dinheiro não é problema, é superfácil criar uma família e os casamentos não têm problema algum.

Mas talvez o trabalho deva mesmo ser desafiador. Devemos estar sempre nos alçando a novas alturas. Talvez não devamos nos satisfazer só com o dinheiro que temos. Devemos sempre almejar mais — não para morarmos em palácios, mas para que possamos utilizá-lo para bons propósitos. Talvez devamos deliberadamente partir em aventuras com a família, além da zona de conforto de cada um. Talvez os desentendimentos de um casal sejam uma parte necessária da viagem. Quando conseguimos trabalhar as desavenças de uma maneira saudável, chegamos a uma nova profundidade e a um novo nível de compreensão. Aprendemos a amar incondicionalmente.

As dificuldades podem ser exatamente aquilo de que precisamos, porque elas mostram que não ficamos indolentes. Que desenvolvemos um padrão de estar continuamente abertos a novos desafios. Encontramos um ritmo entre a intensidade e o descanso. Não queremos ficar apenas deitados numa rede, um dia após o outro, um ano após o outro. Nós descansamos bem, mas é para que possamos voltar à batalha pelo aperfeiçoamento.

Dias mais tarde, meu valentão volta a falar comigo. A natação corre sem problemas, mas no ciclismo o vento está forte, com rajadas violentas de até 80km/h. Ele me pergunta: *Será que você realmente consegue pedalar nesse tempo?*

As rajadas não param nunca. Poeira e névoa se erguem pelo caminho, e fica difícil enxergar a estrada à frente. Cada rajada nos empurra numa direção diferente. Depois de sete horas neste vento maluco, minha alma parece despedaçada. Um dos cinegrafistas do documentário mostra uma foto que tirou, em que o pelotão da frente está inclinado e todos fazem força contra o vento. Nunca passei por nada parecido com o tempo de hoje. Durante a corrida, as bolhas nos pés geram dores constantes. Cada hora é uma luta.

O vento nos obriga a pedalar inclinados.
(*Matthew Norton*)

No fim do dia, quando subo na mesa de massagem, penso em como alguns finais parecem ser mais difíceis que outros e como temos, portanto, que nos esforçar mais para cumprir a mesma distância. É um bom lembrete de que, independentemente de qual seja meu sonho, tenho sempre que lutar por ele. A única coisa boa de hoje é que esse foi o último da segunda dezena.

Isso, e o fato do meu valentão ter reaparecido.

Pense em transformar seu valentão interior num aliado eficiente. Mande-o calar a boca se estiver falando mentiras. Mas se estiver apenas dizendo que uma coisa é difícil, está tudo bem. Se não tem ouvido ele há algum tempo, isso quer dizer que você está muito complacente. Se não tem ouvido nada, pergunte-se: *Será que eu estou confortável demais? Será que não tenho desafio algum neste momento?*

Chego no 28º Dia e volto a sentir muita dor, mas não vou desistir. Volto meus pensamentos para um dos piores momentos que já enfrentei numa maratona. Se naquele dia eu não desisti, certamente não vai ser agora.

Lá em 2012, quando Sunny e eu ainda estávamos amargurados por termos perdido tudo na Grande Recessão de 2008 e eu ainda estava construindo uma carreira como atleta de resistência, planejei completar trinta triatlos de longa distância em um ano. Naquela época, o máximo que um atleta havia conseguido era vinte. Portanto, se eu conseguisse completar trinta, seria um novo recorde mundial. Nós precisávamos disso, para ajudar a me destacar no altamente competitivo mercado de *coaches*.

Eu ganhava um pouco de dinheiro como *coach*, mas não muito, talvez uns mil dólares por mês. Além desse trabalho, treinava individualmente no mínimo umas 25 horas por semana e viajava pelos Estados Unidos e pelo mundo para competir em triatlos oficiais. Essa nova empreitada era uma aposta imensa, e as finanças da família eram tão escassas que o banco tinha retomado nossa casa alguns anos antes. Estávamos morando de aluguel num imóvel de meu sogro. O quinto triatlo daquele ano seria na África do Sul. Raspamos tudo até o último centavo e eu viajei para a competição. A corrida foi boa. Voltei para casa, tive um dia para descansar e me recuperar, depois fui para Marble Falls, no Texas, para o sexto. Foram meus Dias de Operário ao tentar bater o recorde.

Meu objetivo naquele ano não era ganhar corridas — bastava completar os trinta eventos oficiais. Na prova de natação no Texas, me senti tão bem que comecei a me esforçar mais do que o normal. Saí da água em 12º lugar, subi na bike e pedalei num ritmo bem mais rápido que de costume. Pensei: *Não seria o máximo se eu pudesse realmente vencer um dos triatlos do ano?*

O calor era intenso — 35 graus —, mas eu me sentia cheio de vigor. No 48º km do ciclismo, dei tudo o que podia e assumi a ponta. A escolta de motocicleta que acompanhava o primeiro lugar fez com que eu me sentisse um superastro. Forcei ainda mais. Tudo caminhava bem até o km 160. Então, uma rajada de dor irrompeu com força na perna direita e fez todos os músculos se contraírem. Por mais que eu tentasse, a cãibra não passava. Não tive escolha a não ser pedalar os últimos 20km só com a perna esquerda. Logo me vi muito atrás do pelotão da frente.

Durante a maratona, continuei desmoronando. Depois de uns 6km, por razões que desconheço, meu coração começou a bater como se fosse um sapato molhado numa lavadora de roupas. No oitavo quilômetro, parei de correr e comecei a andar, tentando manter os batimentos cardíacos sob controle. Cinco quilômetros mais à frente, vomitei e não foi nada sutil. Ajoelhado no cascalho ao lado da estrada, vomitei cada grama de líquido que havia ingerido nas seis horas anteriores. Acho que até o sapato saiu.

Continuei andando, mas cerca de um quilômetro à frente senti um zumbido estranho tomar conta do ouvido esquerdo. Segui em frente.

No km 27, meu corpo inteiro ficou repentina e inexplicavelmente paralisado. Nada se mexia. Estaquei e desabei no chão.

Meu grande amigo Tyrell me viu desabar. Em pânico, me colocou na parte de trás de sua picape e me levou direto à área de transição, onde enfiaram uma agulha em meu braço e aplicaram um soro fisiológico intravenoso.

Deitado numa maca com o soro no braço, o telefone de Tyrell tocou. Ele falou algumas palavras e me passou.

— É a Sunny.

Estremeci.

— Diz para ela ligar depois.

Eu ainda não podia falar com ela. Já sabia até o que ela iria dizer. Sunny pode ser um grande conforto, mas também sabe ser um verdadeiro sargento do exército, nem sempre na mesma medida. Se estou num dia ruim, ela sabe massagear minhas costas e me colocar em pé de novo — a recuperação é crucial para qualquer desafio atlético... Mas, se necessário, ela vai me dar umas ordens ríspidas aos berros, mandar eu me levantar e ir em frente. Se eu estava arriscando o futuro financeiro da família para perseguir meu sonho, então, na cabeça dela, não havia nem chance de eu desistir. Nós precisávamos recuperar a casa.

Cinco minutos depois, o telefone do Tyrell tocou de novo. Agora era minha filha Lucy, então com nove aninhos, um verdadeiro bastião de inspiração — loura, de cabelos despenteados, adorável. Sunny sabia que a Lucy me faria continuar. *Isso não é justo*, pensei e peguei o telefone.

— O que aconteceu, pai? — ela perguntou. — Você está bem?

— Minhas pernas travaram, filha. Eu precisava parar.

— Mas, pai, você sempre diz para a gente não desistir. Você disse que ia correr trinta triatlos. Disse que ia estar no *Guinness*. Será que você não pode andar o restante do caminho?

— Acho que não — falei baixinho.

— Nem engatinhar?

As lágrimas vieram ao meu rosto.

— É uma distância muito grande para isso, querida.

— Então... — Eu quase podia ver as engrenagens no cérebro de minha filha rodando com força total. — Você não poderia ir fazendo estrelas?

Engasguei, rindo e chorando ao mesmo tempo. Um bom pai não gosta jamais de decepcionar os filhos. Sequei os olhos, me levantei devagar e sussurrei:

— Ok, Lucy. Vou fazer por você.

Normalmente, quando um concorrente sai do percurso, ele é desclassificado. Mas o Tyrell explicou a situação aos diretores da prova, pedindo para abrirem uma exceção. Eles consultaram o regulamento e permitiram. Tyrell me levou de volta ao ponto exato onde eu havia desmoronado. Alonguei-me e comecei a colocar um pé na frente do outro. Não conseguia correr. Mal conseguia me mexer.

E ainda tinha 15km pela frente.

Passo a passo, quilômetro após quilômetro, fui capengando até a linha de chegada. Todas as partes do meu corpo doíam. Eu estava empapado de suor, dolorido, com ânsia de vômito, um trapo. Diminuí o ritmo até ficar mancando. Mas desistir não era uma opção.

A 50m do fim, pude ver a linha de chegada. Lembrei de Lucy e arranquei mais forças, ainda capengando num ritmo de tartaruga, metro a metro, passo a passo. Só por causa dela, ainda havia um último esforço hercúleo a fazer, e eu não podia simplesmente chegar mancando. A 2m da linha final, tinha que fazer tudo direitinho. Devido ao meu baixíssimo nível de energia, talvez só tivesse uma chance.

Totalmente concentrado naquele momento, coloquei um pé na frente, dobrei o joelho, levantei os dois braços e tomei impulso.

Na linha de chegada, fiz uma estrela.

* * *

Passam-se mais dez triatlos na Conquista dos 100. O 39º Dia corre sem problemas. Mais um Dia de Operário. Estamos quase chegando nos quarenta, e eu mal posso esperar. De noite, na mesa de massagem, penso no ditado "Não há atalhos para a grandeza". É uma coisa que se ouve muito na comunidade de atletismo. Significa que, para se atingir uma meta realmente importante, é preciso trabalho duro, dedicação e esforço consistente. Um lembrete de que o sucesso e a excelência não são alcançados facilmente. São conquistados pela perseverança e pela vontade de investir o tempo e a energia necessários.

VONTADE DE FERRO: Quando você trabalha e se esforça consistentemente para melhorar, os resultados vão acabar acontecendo. Eles nem sempre aparecem rapidamente e pode haver obstáculos no caminho, mas se você continuar firme, comprometido e focado em seus objetivos, vai aumentar sua chance de sucesso.

Naquela noite, quando estou prestes a dormir, lembro que tenho de ser paciente nestes Dias de Operário. Preciso continuar a fazer todo o esforço necessário. No final, os resultados vão refletir todo o meu trabalho.

Tem mais uma coisa que me ajuda a seguir em frente nos Dias de Operário. Depois de mais de um mês desde o início da empreitada, recebemos uma mensagem de Sonja, uma advogada de 25 anos da Islândia. A história é impressionante. Não a conheço, mas ela acompanha a etapa de natação da Conquista dos 100 todo dia em nossas transmissões ao vivo. Aparentemente, há uma grande comunidade de triatletas na Islândia, e muitos deles acompanham atentamente a Conquista dos 100.

Sonja conta que, há menos de quatro meses, foi acometida por uma infecção de rotina no trato urinário. Mas, como estava se preparando para um triatlo de meia distância em julho, decidiu ignorar o problema, torcendo para que ele desaparecesse. Mas não foi isso o que aconteceu. A infecção começou a atingir seus rins e a saúde dela se deteriorou rapidamente. Entre o Natal e o Ano Novo, teve que lutar com uma febre por mais de três dias. Sofria de tremedeiras constantes e vomitava. Depois que começou a sofrer de alucinações, ela ligou para o pai, que, por sua vez, chamou a emergência. Ela se lembra da equipe de paramédicos chegando a seu apartamento e se recorda vagamente de ter sido levada às pressas a um hospital, de ambulância. Então, tudo ficou branco.

Pelos nove dias seguintes, Sonja ficou em estado de coma, numa UTI. A infecção havia se alastrado para o sangue. No início, os médicos disseram aos pais e ao namorado dela que Sonja tinha somente 50% de chance de sobreviver. Ela desenvolveu a chamada Síndrome do Desconforto Respiratório Aguda (SDRA), e seus pulmões ficaram inflamados, devido à infecção. Um por um, seus principais órgãos foram parando de funcionar. Rins, fígados e coração começaram a falhar. Ela foi entubada. A família se preparou para o pior.

Mas, milagrosamente, algo mudou. Os médicos não sabem se foram os remédios que começaram a surtir efeito, se foi o corpo lutando muito, ou se foi o poder das orações. Talvez os três. O fato é que, um por um, seus órgãos voltaram a funcionar. Ela saiu do coma, piscou e pediu um picolé. Uma enfermeira arranjou um, mas precisou tirar a máscara para que Sonja o chupasse. Sem máscara, seus níveis de oxigênio começaram a cair e a máscara teve de ser recolocada. O caminho para a recuperação seria longo.

As infecções fizeram um enorme estrago no corpo de Sonja. Ela teve sepse, uma infecção generalizada no sangue, o que exige uma espécie de *reset* total. Tudo precisa começar do zero e se reconstruir. Mesmo depois de sair do coma, ela ainda não conseguia se sentar, se levantar nem caminhar. Os médicos disseram que seus pulmões talvez nunca se recuperassem inteiramente. Se tudo corresse bem, ela poderia voltar a ter 60% de sua capacidade pulmonar em um ano. E podia simplesmente se esquecer de voltar a treinar para o triatlo de meia distância.

Sonja recebeu as notícias de queixo erguido. Quando ouviu o prognóstico, pensou: *Vamos ver. Vocês não me conhecem de verdade. Podem conhecer o meu corpo, mas a mente, não.*

Ela se esforçou muito para voltar a se sentar. Depois se levantar. Então andar um pouco. Mais à frente, subir escadas. Um mês se passou. Depois mais outro. Gradualmente, ela começou a voltar a ter força. Voltou a nadar e a pedalar. São esportes que não exigem tanto do corpo quanto uma corrida. Submeteu-se a um *check-up* médico em abril, e a capacidade dos pulmões estava em 90%. Ela voltou a treinar, na esperança de completar o meio triatlo em julho, exatamente conforme o plano original.

"James", ela escreveu, "não sei como estou conseguindo fazer tudo isso, mas sei que o fato de você fazer cem triatlos é o motivo de eu estar conseguindo persistir".

Ouvir uma notícia dessas é tudo de que preciso para continuar. Quando alguém passa por muito sofrimento, pode inspirar outras pessoas a não desistirem de seus desafios. Isso é o melhor da Vontade de Ferro. Estas pequenas fagulhas viajam de uma pessoa para outra e enchem o mundo de luz.

11

É PRECISO FAZER SACRIFÍCIOS

Pedalo na chuva fria, mas desta vez alguns esqueletos acompanham o Caubói de Ferro, um pelotão de fantasmas. As imagens mudam. Vejo-me num barco, no mar revolto. Uma torrente de água me atinge, arremessando-me no ar. A água entra com força em meu corpo. Eu engulo, sugo-a para dentro dos pulmões. Estou me afogando. Os fantasmas vêm na minha direção em mirabolantes bicicletas submarinas. Famintos, eles mordem e estraçalham minhas tíbias, comem um pedaço da minha traqueia. Não consigo mais respirar.

Acordo em um segundo e me sento de repente, arfando, desesperado por ar. Minha garganta está apertada e uma sensação pesada de augúrio paira sobre o quarto. A camisa e os shorts estão empapados de suor. Os pesadelos voltaram, mais fortes do que nunca.

Passa das três da manhã. Volto a me deitar e tento acalmar a respiração. Digo a mim mesmo: *Volte a dormir. Não tenha medo de pesadelos. Em duas horas, você vai estar acordado de novo e começar um novo dia.*

Pesadelos não são novidade para mim. Eles acontecem porque meu corpo está sendo submetido a traumas físicos e psicológicos, e isso penetra em meu subconsciente.* Todo dia — e o dia inteiro —, eu uso toda a minha força para lutar contra obstáculos constantes, tanto que minha psique reage contra toda essa perturbação. Os pesadelos já tinham aparecido no 50.50.50. Agora na Conquista dos 100, eles voltaram. Eles fazem parte do sacrifício necessário para se encarar eventos de resistência enormes, que se estendem por vários dias.

Quando acordo às cinco da manhã, olho pela janela e vejo que está chovendo, um dia frio e gelado. Não tenho a menor vontade de correr um triatlo hoje. Mas o tempo é só mais um lembrete da necessidade de se fazer sacrifícios. Às 5h50, já estou na piscina. É o 45º Dia e, a cada braçada, sinto a chuva caindo na parte de trás dos braços. O tempo não dá trégua. Em toda a etapa de ciclismo, o céu continua cinzento e molhado. Durante um tempo, chove granizo e o vento bate contra nós. Raios e trovões atacam na parte da tarde.

Todo participante que nos acompanha também está sacrificando alguma coisa. Gordon é um cirurgião ortopedista de 47 anos que planejava participar conosco uma única vez. Mas ele pegou o espírito da Vontade de Ferro e até agora já participou de nove corridas. Ele me conta que escolheu estar aqui hoje. Sabia que íamos precisar de apoio num tempo tão ruim.

Aaron está aqui, tão fiel quanto o dia é longo, altruisticamente abrindo o caminho para mim no vento, um quilômetro depois do outro. Volta e meia, ele olha para trás para ver como estou me saindo. O rosto dele está encharcado de chuva congelante, mas ele sorri em minha direção.

Bri e Dan também estão de volta, numa bike para duas pessoas em meio aos raios e trovões, um verdadeiro testemunho de sua parceria no casamento e na direção da vida.

Um cara que chamamos de Diesel Dave também marca presença. Tem pouco mais de 50 anos e é forte como um touro. Montado numa bicicleta,

---

* "Os pesadelos podem acontecer por uma série de motivos – estresse, ansiedade, sono irregular, remédios, distúrbios mentais –, mas talvez o menos estudado seja o transtorno de estresse pós-traumático (TEPT)." Scott Edwards, "Nightmares and the Brain", *On the Brain*, Harvard Medical School, outono de 2015, hms.harvard.edu/News-events/publications-archive/brain/nightmares-brain.

Todo dia, uso cinco camadas de roupas para me manter aquecido.
(*Matthew Norton*)

ele se transforma num verdadeiro motor a diesel. Pode manter o mesmo ritmo no pelotão da frente como se fosse uma locomotiva e adora o desafio. Independentemente do quanto o tempo esteja feio, Diesel Dave nos ajuda a ir em frente.

As pessoas normalmente me falam de seus objetivos. Querem ser mais saudáveis. Querem ter um melhor preparo físico. Querem separar um pouco mais de tempo em seus dias para correrem atrás dos próprios sonhos. Querem um relacionamento melhor, mais dinheiro, ou simplesmente ser mais felizes. Pergunto o que elas querem fazer para atingir seus objetivos e as incentivo a dar os passos nessa direção. Então, eu faço uma jogada inesperada.

Pergunto o que elas estão dispostas a sacrificar para alcançar sua meta.

Nessa hora elas costumam ficar confusas, mas encarar essa questão pode fazer toda a diferença. Esta é a verdadeira mudança de paradigma. Para ficar fisicamente em forma, você tem que ver menos televisão. Para ter uma saúde melhor, você tem que parar de tomar sorvete após todas as refeições.

VONTADE DE FERRO: Você tem que acrescentar e subtrair coisas de sua vida. Às vezes, isso requer fazer coisas que você preferiria não fazer; em outras, não fazer as coisas que você gostaria de fazer. Na hora de viver seu sonho, esta única pergunta pode mudar tudo: O que você está disposto a sacrificar para atingir seu objetivo?

O pensamento positivo atiça a mentalidade vencedora, que inclui a necessidade de se fazer sacrifícios. Mas só a positividade tem suas limitações. Já falei que, sempre que meu humor começa a cair, eu evoco uma memória positiva e passo a viver totalmente dentro dela. Mas às vezes a dor é tão grande que é impossível se manter positivo. Nesses momentos, eu desligo a mente, para que ela fique quase que num branco total. Basicamente, não me concentro *em nada*. À medida que a Conquista dos 100 vai passando, momentos como este chegam cada vez mais rápidos e com maior frequência.

As pessoas que me conhecem bem dizem que esses são meus momentos de "quando o cervo se espanta com os faróis". Passei anos trabalhando meu corpo para ele ser confiável, mas não construí só a memória muscular, como também um *impulso* muscular. Em circunstâncias muito dolorosas, deixo que a experiência assuma o controle. Confio em meu corpo para ele ir em frente e deixo-o fazer o que ele foi treinado para fazer. Quase que inconscientemente, deixo o corpo me carregar. E isso é uma lição para qualquer um. Em momentos de grande dificuldade, deixe o impulso que você construiu conduzi-lo para a frente.

Lucy convida nossos seguidores nas redes sociais a fazer seus próprios desafios de 100 dias — qualquer coisa que os ajude a melhorar —, e não é preciso coincidir com meu cronograma. Ela chama isso de "Desafio da autossuperação" e instiga as pessoas a tirar fotos de si mesmas durante seus desafios, postá-las e nos marcar. É muito bom receber as atualizações conforme as histórias chegam.

As pessoas estão correndo 5km por 100 dias, fazendo 100 flexões. Um cara está fazendo 100 barras e 100 flexões de braço por dia, distribuindo as repetições entre manhã, tarde e noite. Outra pessoa está fazendo um detox total de 100 dias tirando laticínios, ovos e açúcar da alimentação. Outra está fazendo 100 agachamentos por dia. E tem outra remando no caiaque diariamente, por 100 dias.

VONTADE DE FERRO: Faça seu próprio desafio dos 100 dias. Escolha qualquer desafio que vá torná-lo uma pessoa melhor, lhe dar uma perspectiva mais profunda da vida ou fazê-lo mais forte, saudável ou compassivo. Não tenha medo de abrir mão de alguma coisa para alcançar isso. Talvez você tenha que, no início, dar um passo mínimo. O importante é começar e ir em frente. O segredo do sucesso é o seguinte: Faça pequenas coisas consistentemente, por um longo período de tempo. É importante ouvir este lema com frequência, e viver com base nele, até que ele fique entranhado em sua vida diária.

Nós vivemos numa época em que as listas de coisas que as pessoas têm para fazer é enorme. Basta ver qualquer pai ou mãe que trabalhe. O dia inteiro delas é trabalho, levar os filhos de um lado para o outro, cumprir tarefas, apoiar a esposa ou marido, ajudar a comunidade e mais um monte de outras coisas. É fácil se sentir assoberbado. Quando se olha toda a lista de afazeres do dia, ela pode ser desanimadora.

Mas se você dividi-la em passos menores, aí você só precisa fazer uma coisa — a próxima —, seja lá o que for. Quando treino atletas para disputarem triatlos, meu incentivo é sempre o seguinte: "Uma braçada, uma pedalada, um passo de cada vez." É tudo o que você precisa fazer. Ponha antolhos de cavalo e concentre-se em fazer apenas uma coisa em cada instante. Não se preocupe com o amanhã. O amanhã vai cuidar de si mesmo. Concentre-se numa única coisa agora. Não desista. Esteja pronto para fazer sacrifícios, mas espere grandes recompensas.

É mais fácil fazer sacrifícios quando se é parte de uma comunidade. Em equipe, desenvolve-se grande camaradagem. Lembro-me disso quando vejo o Tio Johny participando da etapa de hoje.

O Tio Johny é tio biológico do Aaron, mas virou um tio "metafórico" para todos nós, um guia sábio com um coração de ouro. Ele é um dos caras mais durões que eu conheço e tem se juntado a nós regularmente dia sim, dia não no ciclismo. Com quase 60 anos, um rosto vincado e um sorriso permanente, o Tio Johny é um policial aposentado que viveu a camaradagem intensa que surge ao se trabalhar com pessoas parecidas com você e que têm um trabalho difícil a realizar. Eu o conheço há muitos anos. É o tipo de pessoa que nunca se mete na sua vida, mas está sempre disponível, independentemente do que tenha de ser feito.

Antes da Conquista dos 100, Tio Johny e eu participamos juntos de uma corrida de resistência na qual pedalamos *fat bikes* na neve que caía no congelado Great Salt Lake. (*Fat bikes* são bicicletas com pneus especialmente largos para terrenos instáveis, como neve ou areia.) Perto do fim da corrida, com os corpos congelados e cobertos de gelo, olho para o Tio Johny e pergunto:

— O que você vai fazer esta primavera?

— Viver meu sonho. Só andar de bicicleta. E você?

— Vou fazer cem triatlos seguidos. Quer participar?

— Estou dentro.

Tio Johny adora contar histórias e piadas, geralmente com poucas palavras. Hoje, quando passamos de bike pelos cavalos na chuva fria, o rancheiro os exercita, fazendo-os correr em círculos.

— Igual a nós — exclama Johny.

Nós morremos de rir. Sabemos o que ele quer dizer. Dia após dia, andamos em círculos. Partes da Conquista dos 100 se parecem com aquele filme clássico em que o Bill Murray fica preso numa roda do tempo, obrigado a viver a mesma situação todo dia, até que ele mude para melhor. A Conquista dos 100 parece um verdadeiro *Feitiço do tempo*. Espero que estejamos aprendendo alguma coisa de valor. Sabemos que, enquanto fazemos as mesmas coisas muitas vezes, estamos desenvolvendo nossa personalidade e aprofundando nossa perspectiva.

Na maioria das manhãs, bem cedo, a esposa dele, Michelle, faz uns *waffles* para nós, mas não aqueles com cara de ontem. Geralmente eles vêm com lascas de chocolate ou canela, mas o fantástico é como ela os prepara. Ela espalha marshmallow num lado de dois waffles, depois insere uma barra quente de chocolate Hershey's no meio, criando uma delícia grudenta. Tudo isso depois é dobrado como se fosse um sanduíche. É o melhor lanche que podemos ter na estrada, como um doce típico de acampamento que você pode comer na viagem. Tio Johny sempre tem dois desses no bolso da camisa para quem quer que precise de um ânimo extra.

No meio do ciclismo de hoje, paramos num posto de gasolina para fazer um descanso. Está todo mundo precisando. O temporal de hoje foi brutal. Os céus descarregaram sua fúria em nós. Faz tanto frio que é difícil até tirar as luvas. Juntamo-nos debaixo de um toldo, onde é ligeiramente mais seco. Tio Johny distribui os *waffles* recheados de marshmallow e chocolate e nós engolimos aquela maravilha.

Mas hoje percebo alguma coisa diferente no Tio Johny, enquanto ele está ali, com a bike pingando água. Ele está trêmulo e há pequenas olheiras sob seus olhos. Parece mais velho do que nunca. Mais castigado. Mais derrotado.

— Tudo bem com você? — pergunto.

— Nunca estive melhor — ele responde.

Mesmo assim, fico preocupado. Enfiamos as mãos de volta nas luvas congeladas, subimos nas bicicletas e voltamos a pedalar. O dia continua difícil. Quilômetro após quilômetro, seguimos em frente. Todo mundo tem que dar 200%. Mas a preocupação que sinto pelo Tio Johny não passa. Continua me atazanando.

Finalmente terminamos. Pedalamos até a minha casa, onde vou almoçar, mudar de marcha e me aprontar para a maratona. Outro grupo de atletas vai se juntar a mim. Durante a Conquista dos 100, Sunny e eu nos acostumamos a ver estranhos entrarem e saírem de casa. Nos dias quentes, um *cooler* cheio de garrafas de água é colocado na varanda. Qualquer um pode pegar de graça. Outros corredores terminam a etapa lá em casa e geralmente ficam um pouco mais no gramado, conversando, rindo e contando histórias antes de voltar para casa.

De repente, percebo que Tio Johny nunca entra na casa.

Hoje ele fica à porta, hesitante. Está batendo os dentes e parece arrasado. De certa forma, ele desaba nos degraus, sentando-se como um fardo no concreto, ainda vestido com sua roupa molhada de ciclista.

— Johny? — pergunto. — O que que aconteceu?

As palavras saem trêmulas.

— Você... se incomodaria... se eu... entrasse um pouco?

O comportamento padrão do tio Johny é que os holofotes nunca devem brilhar sobre ele. É tão respeitoso. Nunca quer ser um incômodo.

Eu o ajudo a se levantar e a entrar. Sunny lança um único olhar para nós na porta e logo traz toalhas e cobertores quentes. Uma sopa de frango com macarrão esquenta no fogão. Tio Johny e eu nos sentamos na beira da escada, ainda com nossas roupas de ciclismo molhadas, e Lucy traz duas tigelas fumegantes de sopa.

Por um bom tempo, ficamos quietos. Só comemos.

Finalmente terminamos. Pego a tigela vazia dele, ponho a minha em cima e coloco as duas no chão. Ele passa um braço pelo meu ombro e o deixa pousado ali.

— Sou tão grato a você — ele diz. — Pelo que você está fazendo. Você está fazendo as pessoas voltarem a sonhar. Se você consegue fazer a Conquista dos 100, qualquer coisa pode ser feita. Estou orgulhoso de você, James. Eu amo você.

A sopa quente deixou meus olhos marejados e a garganta travada. Também jogo um braço em volta dele.

— Nossa casa sempre será sua casa, Tio Johny. Quero que você saiba que nós também o amamos.

Lucy tira uma foto nossa na escada e nos mostra. Os rostos estão totalmente enlameados, as camisas ensopadas, mas ambos temos uma expressão de determinação.

Um momento como esse, de bondade e conexão sem paralelo, é difícil de explicar totalmente, mas você sabe quando junta os braços com alguém a seu lado e vivencia isso. Este tipo de momento nunca vai existir se você nunca passou por uma dificuldade junto. Você enfrenta as tempestades mais brutais da vida com sua equipe. Não precisa fazer tudo sozinho.

VONTADE DE FERRO: Quando você enfrenta desafios com outras pessoas, isso forja uma conexão poderosa. Juntos, vocês vivenciam grandes momentos que não existiriam se não tivessem atravessado também os tempos de vacas magras. A tempestade pela qual passaram juntos não definiu vocês. Ela forjou vocês. Você e sua equipe testaram seus limites, batalharam e aproveitaram o máximo da experiência. E o espírito não se quebrou.

LEMBRE-SE:

Os obstáculos forjam os fortes.
As provações treinam os bravos.
As batalhas fortalecem os guerreiros.
As tempestades formam os corajosos.

Tio Johny, à esquerda, está sempre ao meu lado, mesmo nos dias mais frios.
(*Lucy Lawrence O'Connell*)

* * *

No 49º Dia, o tempo clareia. O céu fica azul. Os passarinhos cantam. A natação e o ciclismo correm sem problemas. Na maratona, volto a ficar cheio de dores, de modo que revezo entre a corrida e uma caminhada rápida. É uma loucura como, de um dia para o outro, podemos experimentar tantos altos e baixos diferentes.

Haydn trabalha em mim esta noite. Estou com lesões feias nos ombros e nos tornozelos. Não sei o que as causou, mas temos que lidar com uma questão de cada vez. As bolhas estão piores do que nunca e ele trabalha em meus dedos, um por um. Há algum tempo que Haydn já estava pensando em ir mais fundo no calcanhar esquerdo. Ele não conseguiu ver nada na superfície, e isso é parte do problema. Basicamente, ele fez tudo o que podia até aqui, porque não existe livro didático sobre o que ele está encontrando. Mas esta noite eu insisto. Pouco importa o que ele faça, e nós decidimos não chamar nenhum podólogo a esta hora. O Haydn pode até amputar meu pé. Só quero que a dor vá embora.

Ele pega uma seringa e um bisturi e começa a desbridar a região intumescida do calcanhar, retirando o máximo de tecido necrosado que ele se atreve. Ele retira a primeira camada de pele, e vai relatando baixinho o que encontra pela frente. Debaixo da camada de cima, parece que encontra a planta de uma casa, com vesículas entrelaçadas, os saquinhos de membranas finas cheios de fluido. Ele continua a trabalhar com um bisturi pequeno e, por baixo da epiderme superior, aparece outra camada de bolhas. Ele vai ainda mais fundo e, embaixo dela, aparece mais uma camada. Provavelmente há quatro camadas de bolhas no meu calcanhar, empilhadas, misturadas a várias camadas de pele. Finalmente, ele chega ao que parece ser a raiz de tudo. Alguma coisa explode lá dentro, e um líquido jorra para cima. Ele extrai uma seringa de pus depois da outra. Tudo isso é feito sem anestesia ou comprimidos analgésicos. Tenho que manter a mente limpa. Em alguma hora, no meio do procedimento, eu desmaio. Ou talvez só adormeça. Estou tão exausto que nem ligo mais. Posso dormir durante qualquer coisa.

Em meus sonhos, estou novamente me afogando. A água enche os pulmões. Fantasmas me mordem. Mais uma vez, eu paro de respirar. De repente, volto a me sentar ereto. Mas agora estou na cama, e não na mesa de massagem — de verdade, não mais num sonho. Não tenho lembrança de como saí de uma para a outra. A camisa está empapada de suor e estou em pânico. Volto a me deitar e tento acalmar a respiração.

Pela manhã, vejo todo meu pé esquerdo numa atadura, quase como se fosse um gesso. A ordem é manter o curativo hoje pelo máximo de tempo possível. Nadando, pedalando e correndo.

Tomo o café da manhã e parto para a rua. Dois grandes balões de ar aparecem na escuridão, no gramado da frente.

Hoje é o grande cinco-zero. O 50º dia Conquista dos 100. É um misto de sentimentos. Pelo lado positivo, mal consigo acreditar que chegamos até aqui, e eu genuinamente comemoro o momento. Mas, por mais que este marco seja emocionante, lembro a mim mesmo de que ele não é muito relevante no longo prazo. Meus olhos estão no prêmio, a marca do 100º Dia. Entre aquele ponto e o de hoje ainda há uma grande distância a ser percorrida.

Quando terminamos a natação, disparam a música. Um rock infame da década de 1980 sobre já ter chegado ao meio do caminho. As pessoas vibram, comemoram, cantam junto, mas estou embasbacado, em estado de choque, até com um pouco de raiva. Ok, chegamos até a metade, mas tudo o que eu consigo pensar é que esta é *só* a metade. Bato na água frustrado, mas não quero desperdiçar energia, por isso saio da piscina e parto para outra refeição e o chuveiro. É tudo o que eu sei fazer. Os cinquenta triatlos consecutivos cobram um preço, e eu mal consigo tirar o macacão por cima dos ombros.

Alguém liga a câmera na minha frente, esperando que eu diga algo brilhante. Paro no meio do caminho e olho para a câmera. Preciso de vários segundos para me recompor. Obrigo-me a dar um sorriso, olho para a lente e falo a frase mais articulada que consigo.

— Olá.

Não importa o quanto esta palavra seja inconsequente, é tudo o que eu posso falar agora e pronto. A natação acabou e eu sigo em frente.

O tempo está perfeito na etapa de ciclismo. Encontramos um público fantástico e um pelotão forte e positivo. Meu parceiro Aaron me guia pelo trajeto. Quando Sunny, no fim, pergunta para ele como é que foi, ele simplesmente diz "Nós vencemos". E ele está certo.

Mesmo assim, parece que o dia nunca vai terminar. E aquela atadura pesada já se foi há muito tempo.

Mais de 25 pessoas se juntam a nós na maratona e estou vestido de vermelho, branco e azul — com um chapéu de caubói listrado, enfeitado com estrelas douradas. A primeira vez que eu usei este chapéu foi há nove anos, quando bati o recorde do maior número de triatlos de longa distância completados em um ano. Hoje, passo por cima da dor e corro a maior parte da maratona. O céu ainda está claro na linha de chegada e uma dúzia de pessoas estão em volta, sacudindo bandeiras americanas.

Eu paro, reúno o pessoal e faço um pequeno discurso sobre esquecer o passado. Não vamos ficar sentados muito tempo neste marco. Os primeiros cinquenta já se foram. Os próximos cinquenta estão pela frente.

Minha equipe tira uma foto de mim, no fim de cada dia, segurando o número daquele dia. Lucy tira o instantâneo de hoje — 50 — e eu o comparo rapidamente com minha expressão no Primeiro Dia.

Na primeira foto, meus olhos estão cheios de fome. Estou intenso e otimista, embora só esteja começando a compreender a enormidade da jornada que tenho pela frente. Estou olhando para a câmera como se fosse dono do mundo. Qualquer coisa é possível.

Depois do 50º Dia, a barba cresceu e ficou consideravelmente mais clara, talvez do sol, do cloro ou do envelhecimento, não sei ao certo. Na foto desta noite, preciso olhar duas vezes antes de compreender minha expressão.

Estou sofrendo.

Pareço humilhado. Por baixo. A cor do meu rosto ficou mais avermelhada. Meus olhos aparecem por cima de olheiras escuras logo abaixo. Na primeira foto, parece que eu tenho 40 anos. Na última, poderiam dizer que pareço ter sessenta. Fico observando, me perguntando se essa seria a cara do sacrifício.

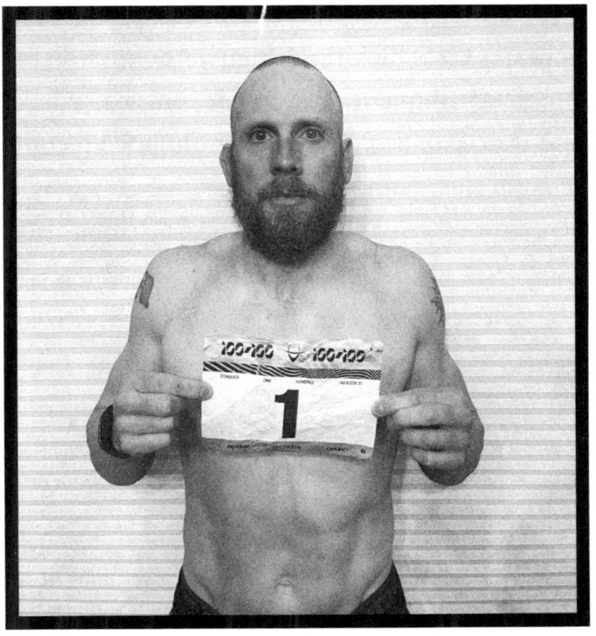

Todo dia tiramos uma foto que mostra as diferenças que sofro ao longo do tempo.
(*Lucy Lawrence O'Connell*)

Deitado na mesa de massagem, reflito sobre como, a partir do dia seguinte, vou começar a fazer história. Ninguém no mundo sabe como é um ser humano completar cinquenta triatlos de longa distância consecutivos. Amanhã será um novo começo. Vou marcar um novo recorde todo dia.

E tenho que confessar: estou apavorado.

12

O CAMINHO PARA O PROPÓSITO

No fim da noite do 50º Dia, raspo a barba, que é a marca registrada do Caubói de Ferro, e olho com atenção para o espelho do banheiro. Tirei dez anos das costas só ao aparar aquele cavanhaque espesso. Agora estou parecendo um novo homem, de cara nova, numa nova jornada. Preciso de toda e qualquer vantagem psicológica que eu puder conseguir, porque, de maneira geral, sinto-me totalmente aos frangalhos depois dos 11.300km percorridos nos últimos 50 dias. Amanhã, quando começarmos os 50 finais, vou procurar uma nova energia, porque esses triatlos serão um território totalmente novo. Estou convicto de que esta é minha missão, o propósito de minha vida, e sei o que tenho que fazer para ir em frente. Preciso ter persistência.

Na manhã seguinte, na piscina, entro deliberadamente na mentalidade do sucesso. Digo a mim mesmo para ser intenso e também relaxar. Cada braçada tem que ser controlada, precisa. A água parece estranha em meu rosto nu, uma sensação desconhecida que não é de dor. Tento encontrar um nome para ela. *Poderia ser só prazer?* Agarro-me a este sentimento. Quando saio da piscina, Sunny e Lucy põem ZZ Top a todo volume, e eu não posso deixar de sorrir. Ainda tem muito trabalho a ser feito na Conquista dos 100, mas a equipe está olhando para a frente. Juntos, temos uma nova chama. Fechamos a porta do passado.

Tomo um banho, como e percebo uma sensação diferente de alívio. Estou perfeitamente consciente de que, até agora, a Conquista dos 100 foi uma grande aposta na minha carreira. Se eu não tivesse completado os primeiros cinquenta, teria dado razão a todos os *haters* que surgiram depois do 50.50.50. Teriam me destruído, convencidos de que eu não tinha cumprido de verdade a meta anterior. Muita coisa poderia ter desandado, e boa parte do meu sucesso profissional poderia ser apagado. Mas eu apostei em mim. Apostei na equipe. Juntos, provamos que os *haters* estavam errados.

Paradoxalmente, para apostar em si mesmo, você precisa ter uma equipe. Pense nisso. Independentemente de você começar ou fracassar, ganhar ou perder, você é responsável pelo resultado. Você é o senhor de tudo, e não tem como dar certo se não assumir 100% da responsabilidade sobre cada aspecto de sua vida. Sempre que se olhar no espelho, o que quer que você perceba, por dentro ou por fora, você é o responsável. Se não está gostando do que vê, é você que precisa mudar. É isso que significa apostar em si mesmo: você sabe que tem um objetivo valioso. Está comprometido a ir até o fim. E decide assumir a liderança.

Você também sabe que ninguém é uma ilha. Nenhuma pessoa é especialista em tudo. Todo mundo precisa de ajuda, e pedir ajuda não é sinônimo de fraqueza.

VONTADE DE FERRO: No início de cada empreitada, especialmente quando estiver apostando em si mesmo, reúna sua melhor equipe. Cerque-se de especialistas nas áreas que não são seus pontos fortes. Escolha as pessoas perfeitas para os papéis em que se encaixem melhor. Deixe-as serem ótimas naquilo que sabem fazer. Então, abra mão do controle. Permita que façam o trabalho delas e que possam brilhar.

Se alguém não está fazendo seu melhor, isto significa que eu não o estou gerenciando da melhor maneira, e minha liderança tem que melhorar. Depende de mim falar com ele, mesmo se for só um voluntário, e lhe mostrar que ninguém quer ser o elo mais fraco da corrente. Será que eu o coloquei na posição correta? Será que passei trabalho demais para ele? Ninguém quer ser aquele membro da equipe que faz a carga de trabalho de todas as outras pessoas aumentar.

É fato que o Caubói de Ferro não é só uma pessoa. Ele é uma equipe, uma prova de que a conexão com os outros é fundamental. Nesta empreitada, pedi ajuda à minha mulher, aos meus amigos, parceiros, patrocinadores, técnicos e à comunidade. Aceitei ajuda na forma de comida, batedores, alguém para cuidar dos compromissos e cumprir tarefas, dólares arrecadados, abraços, doação de equipamentos esportivos, *insights* sobre como o corpo funciona, incentivos, histórias de sofrimento compartilhadas e muito mais. Em troca, ofereci ajudar as pessoas na forma de esperança.

Hoje, nós passamos voando pela parte da bike. Eu adoro pedalar e, quando nos aproximamos da marca dos 90km, lembro que apostar em si mesmo não é egoísmo. Você passa uma visão à sua equipe e parte para o objetivo. Outras pessoas se beneficiam de sua liderança. Enquanto sinto o vento batendo em mim, as pedaladas rítmicas das pernas, a experiência de encarar o mundo em duas rodas, isso me traz uma sensação de completude e liberdade — não só para mim, mas para todo mundo nesta jornada. Um núcleo fixo de ciclistas continua aparecendo para me ajudar, e ver esses rostos conhecidos me conforta. Também há uma série de novos ciclistas que se juntam a nós em diferentes pontos do percurso. É inegável que, juntos neste caminho, estamos ganhando embalo.

A meta é começar a maratona às 14h15, mas terminamos a etapa do ciclismo tão rápido que conseguimos iniciar às duas da tarde. É 20 de abril, e agora em Utah já faz calor o suficiente para podermos correr só de short e camisa de manga curta. Uma multidão aparece para correr comigo e, no meio da maratona, parece que estamos ganhando novos corredores a cada passo. Colocamos hip hop dos anos 1990 para tocar ao longo do trajeto, puxando todas aquelas boas vibrações. Kyle, Kylie e os filhos, a família das fantasias, nos cumprimentam quando passamos. Agora estão vestidos com roupas de dinossauro — quatro tiranossauros rex e um triceratops —, levantando cartazes, dançando e nos incentivando.

Quando chegamos à linha de chegada, tem uns sessenta corredores atrás de nós, e o número de espectadores chega a centenas. Os corredores vêm de todas as profissões e têm todo nível de experiência. Maratonistas e ultramaratonistas da pesada correm junto de mães empurrando carrinhos de bebê. Um grande grupo de crianças se junta a nós. Muita gente só apareceu para correr os últimos 3km.

Todo mundo saiu de casa animado para nos apoiar no 51° Dia,
o primeiro em que quebramos o recorde mundial, e o primeiro de muitos pela frente.
(*Matthew Norton*)

Quando cruzo a linha de chegada, sou só sorrisos. Tem tanta gente correndo conosco que precisamos arranjar um amplificador e um microfone portátil para que eu possa fazer um discurso. Peço a todos que doem 51 dólares para ajudar a salvar vidas. Nós nos propusemos a arrecadar 100 mil dólares para a Operation Underground Railroad e, como já ultrapassamos essa marca, agora aumentamos a meta para 250 mil. Digo que hoje instituímos um novo recorde mundial para o maior número de triatlos de longa distância consecutivos, que por sua vez será quebrado e superado todos os dias de agora em diante. O público vibra.

— Estamos fazendo isso para que mais gente se sinta empoderada para encarar suas próprias dificuldades e superá-las — digo. — Isto prova que qualquer pessoa pode redefinir seu limite do que é impossível e fazer sua própria Conquista dos 100, da forma que quiser.

A aposta está dando certo. É uma noite triunfante e, como equipe, como comunidade, sentimo-nos irrefreáveis. Comemoro esta vitória pelo que ela é, reconhecendo humildemente que foi necessário muito apoio e coordenação com outras pessoas para atingir esta meta.

No 54º Dia, toda a euforia de quebrar um recorde mundial por dia já se dissipou. Voltamos aos Dias de Operário, seguindo em frente obstinadamente para completar a labuta de cada dia. É o vale depois do pico da montanha.

O dia começa normal. A natação está tranquila e sob controle. Mas, na etapa do ciclismo, meu quadril começa a doer imediatamente. Percebo, mais uma vez, que superar o seu melhor é extremamente difícil. Sua melhor marca anterior era a melhor por um motivo. Foi difícil da primeira vez. Superar essa barreira vai levar você a um novo nível de desconforto. E só atravessando a dor você vai descobrir o que está do outro lado.

Um ciclista chamado Danny ajuda muito hoje. Ele tem 22 anos e é menos experiente em ciclismo de resistência do que alguns dos demais, mas ele está fazendo um trabalho tão bom de batedor que virou uma espécie de parceiro honorário. Jill, esposa do Aaron, uma higienista dental, trabalha no mesmo consultório que a esposa do Danny, e foi assim que ele chegou até mim. Danny já teve algumas experiências em corridas longas, por isso sua mulher sugeriu que ele participasse do nosso desafio.

Lá pelo 5º Dia, Danny apareceu na trilha Murdock depois de terminar o dia de trabalho. Completou os últimos 10km comigo. Fez isso uns dois dias seguidos, e eu fiquei tão acostumado a ver seu rosto no km 32 que comecei a cumprimentá-lo com um soquinho na mão quando passava por ele. Pouco tempo depois, ele começou a aparecer todo dia de manhã na piscina, só para ficar observando. Logo Sunny arranjou um trabalho para ele, contando as voltas e preenchendo os números na prancheta. Danny fez o que lhe pediram sem reclamar.

Sem que ninguém lhe pedisse, ele começou a aparecer todo dia de manhã cedo para ajudar. Quando Sunny e eu descemos do carro no estacionamento da piscina, seu rosto sorridente é a primeira coisa que vemos. Coisas pequenas como essa têm importância. Elas se multiplicam e se tornam significativas com o tempo. Ele ajuda na natação, depois volta para correr comigo no fim da tarde. Danny conta que descobriu uma nova paixão na vida e, com ela, um novo propósito.

Uma de minhas metas constantes é procurar despertar o melhor nas pessoas que conheço. Comecei a incentivar Danny a correr distâncias maiores. Foi o que ele fez. Passou a correr 16, 26, depois 29km. No 30º Dia, correu uma maratona inteira comigo. Depois o convidei para completar um triatlo inteiro. Ele começou a expandir seus limites pessoais, primeiro fazendo pequenos trechos da natação e do ciclismo. Logo percorreu um triatlo completo. Eu falei:

— Não vai fazer o segundo?

Ele sorriu e logo completou mais um. Tornou-se um estudante dos valores da resistência, abraçando o princípio de que a única maneira de se tornar mentalmente forte é tomando a iniciativa. Ele elevou seu nível de expectativa, porque sabia que era assim que cresceria.

Lembro-me de sua dedicação quando foco no pneu traseiro de Danny no ciclismo do dia. Quero que as pessoas em toda parte se sintam mais fortes com a Conquista dos 100. Se eu posso enfrentar cem dias de dureza seguidos, então elas podem ter a confiança de enfrentar um dia difícil, ou atravessar toda uma temporada de sofrimento, ou prosperar na vida, mesmo se tiverem uma limitação forte. Essa é a Vontade de Ferro.

* * *

Na maratona do mesmo dia, começo a desmoronar. Meu quadril passa a sensação de que minha perna inteira está passando num moedor de carne. Depois de alguns quilômetros de dor intensa, passo a andar em ritmo de tartaruga, depois paro. Estou quase caindo, mas Casey me segura e me põe de pé. Meus músculos parecem estar pifando, todos ao mesmo tempo. A dor é brutal. Começo a andar de novo, mas o corpo volta a travar, e de novo eu sinto que vou desabar. Mais uma vez, Casey me agarra. É um enorme esforço mental, tanto quanto físico. Eu simplesmente preciso encontrar uma maneira de continuar andando.

Lembro que, quando você trabalha duro por algo que não é importante para você, isso se torna um estresse. Quando se trabalha duro por algo que você ama, isso significa paixão.

Considerando o cenário mais amplo, eu amo o que estou fazendo. Sinto-me empolgado e cheio de propósito, mesmo em momentos de intensa agonia, como aquele.

Vejo os demais corredores à minha volta. Lily, minha filha, está correndo esta noite com várias amigas e minha sobrinha Paige. É a primeira maratona dela, por isso o discurso de Sunny antes da maratona de hoje começou com a notícia de que todas as adolescentes da casa estavam eufóricas com a corrida. Isso me deixa feliz. Sempre acho bom quando a garotada sai do sofá e da frente do celular para fazer alguma atividade ao ar livre com os amigos. Não posso decepcioná-los. Se for preciso superar meus limites físicos, que seja.

Lentamente, mas com firmeza, vou colocando um pé na frente do outro. É minha paixão. Meu propósito. Lembro a mim mesmo de que é preciso perseverança para atingir o sucesso. E continuo.

Aqui está a lição do dia. As pessoas me perguntam como podem descobrir sua paixão e seu propósito na vida. Os dois são intimamente ligados.

Minha resposta é: dedique-se. Leia livros, artigos e ouça *podcasts*. São bons lugares para se começar. Mas se ficar só lendo e assistindo a vídeos, nunca vai se adaptar e avançar. Consumir informação sem partir para a ação é perder oportunidades.

Então por onde começar? *Fazendo.* A ação move você na direção de suas metas. O crescimento surge quando você vai preenchendo o espaço entre o aprendizado e a prática. Escolha fazer o que tem de ser feito. A paixão nunca vai bater à sua porta enquanto você estiver sentado no sofá. Para ir atrás de seus sonhos, você precisa se levantar e testar alguns deles. Prová-los. Dê o primeiro passo. Faça alguma coisa diferente.

VONTADE DE FERRO: No começo, você pode não ser muito apaixonado por uma atividade. Tudo bem. Muitas vezes, você tem que testar a mesma atividade mais de uma vez. A paixão evolui à medida que você alcança novas conquistas. Você tem que encarar e superar o desconforto. Tem que se levar a novos lugares. Assim você aprende, cresce e evolui.

Quando comecei a correr longas distâncias, fiquei com medo. Nunca tinha feito nada parecido na vida e estava curioso para ver se conseguiria. Mas eu tinha que dar o primeiro passo. Inscrevi-me em minha primeira corrida e comecei a treinar. A primeira corrida foi difícil, e mais de uma vez senti vontade de desistir. Mas continuei indo em frente e acabei terminando. Aí participei de outra corrida. E mais outra. Descobri que amava correr. Mesmo antes de ter articulado minha paixão com minhas próprias palavras, eu sabia que queria ter "aquela" sensação mais vezes, fosse o que fosse. E isso é que é legal. É assim que a paixão se desenvolve.

VONTADE DE FERRO: Depois que você descobre pelo que é apaixonado, seu propósito pode surgir desta paixão. Eu sempre digo às pessoas: se você não consegue descobrir seu propósito, descubra sua paixão. Ela pode levá-lo ao propósito.

Sua paixão provavelmente não vai chegar totalmente pronta de um dia para o outro, mas vai acabar aparecendo. Você vai sentir uma chama dentro de você. Ela vai ser intensa e impulsioná-lo para a frente. Seus valores e desejos mais profundos vão se unir e o fogo do propósito vai começar a queimar dentro de você — e você vai se ver comprometido com seu propósito. Isso vai dar um novo significado à sua vida. Você vai querer ajudar os outros. Seu propósito será mais abrangente.

Quanto a mim, meu propósito é ajudar os outros a serem bem-sucedidos, redefinindo o que é possível. Quero ajudar as pessoas a desenvolverem uma mentalidade vencedora, ampliarem seus limites e saberem controlar as emoções diante das adversidades. No fim das contas, quero ajudar as pessoas a atingirem seus objetivos e a se tornarem a melhor versão de si mesmas. Minha paixão pelo triatlo me levou a descobrir meu propósito.

Depois de seis horas e 21 minutos de dor intensa na etapa de ciclismo e mais de sete horas de dor intensa na maratona, cruzo a linha de chegada e faço uma coisa que nunca faço: eu me sento. Ficar sentado não vai promover a recuperação ativa, mas estou com tantas dores que não posso impedir esse reflexo. Hoje foi um dos três dias mais difíceis da empreitada até agora. Tudo bem. Faz parte do que significa chegar a novos patamares, crescer e evoluir.

Mais tarde, na mesa de massagem, como batatas e frango enquanto Haydn trabalha em mim. Mentalmente, estou me preparando para lidar com este nível de dor pelos próximos 45 dias. Não quero ficar remoendo esse pensamento negativo, por isso preciso avaliar e equilibrar os prós e os contras, de modo a ser realista e me preparar para o pior. Espero que meu corpo continue a se adaptar. Aí a dor vai diminuir. Uso esse pensamento como um trampolim para a positividade.

Um médico andou estudando os relatórios do meu Biostrap. Ele percebeu que, fisicamente, estou evoluindo. O ritmo da respiração é o melhor que já tive e está indo na direção certa. Ele está maravilhado com o ritmo noturno do coração e com a circulação sanguínea. Biologicamente, não há sinais ruins. Quando Haydn termina, eu subo na balança: 78,2kg. Não ganhei nem perdi sequer meio quilo desde o início da Conquista dos 100. Apesar da dor, estou mais forte que no Primeiro Dia. Meu corpo está realmente se adaptando.

Lucy me entrevista com a câmera. Minhas respostas tendem a um tom positivo.

— Acha que vai ficar mais difícil antes do fim?

— Acho — respondo. — Mas é tudo uma questão de mentalidade. Os problemas vão surgindo, mas vamos saber lidar com eles e superá-los. O que estamos fazendo exige paciência e capacidade de solucionar problemas, mas vou continuar. Minha força mental é grande. Eu atropelo as dificuldades. Estraçalho-as. Eu sou uma fera. Sou o Caubói de Ferro.

Estou sorrindo, apesar da dor.

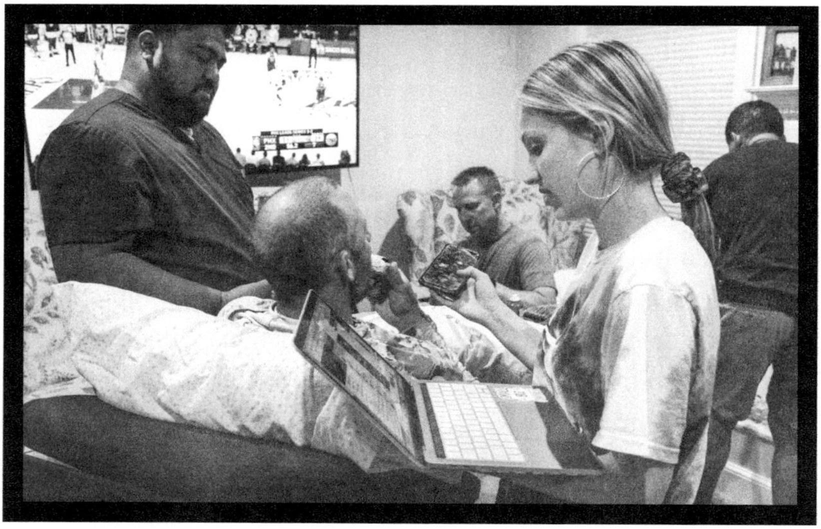

No fim de cada dia, Lucy me entrevista enquanto luto contra a fadiga, fazendo entre três e cinco perguntas simples sobre como estou me sentindo, como foi o dia e como certos fatores como o tempo afetam cada dia. (*Matthew Norton*)

Mitigar o desconhecido também ajuda. A etapa diária de natação se tornou regular. Fora as cãibras nos músculos, é a melhor parte do dia. A corrida também tem sido mais metódica. Programei o relógio para apitar a cada 400m. Desse jeito, também posso estabelecer um ritmo para a maratona: corro 1,6km em 11 minutos e ando 1,6km em 15. Tudo superconsistente.

A parte imprevisível é o ciclismo. A equipe da Trizon Racing ficou de aparecer. São ciclistas experientes e habilidosos, que ajudam muito. Embora Aaron corra todo dia comigo, ele não pode ser o único líder do pelotão. Às vezes, precisa ceder o posto para alguém. Se tivermos mais corredores participando, isso gera um maior impulso. O clima também afeta mais o ciclismo do que as outras partes da prova. Temos trabalhado metodicamente e agora terminamos o ciclismo entre seis horas e seis horas e meia. Estamos chegando onde queremos.

Mesmo assim, o ciclismo está longe de ser livre de problemas. Nem todo mundo tem experiência, e recebemos tantos ciclistas novos que Lucy preparou uma lista de regras de segurança, que é lida antes de cada corrida. É impossível controlar o que acontece a meu redor. Tantas coisas podem dar errado no ciclismo. Não queremos correr riscos.

Quanto mais gente aparece, menos as leis de trânsito são respeitadas. Lucy colabora todo dia com os ciclistas regulares, criando uma lista de regras e promovendo uma corrida organizada. (*Matthew Norton*)

O cartaz começa agradecendo a presença dos ciclistas. Aí deixamos claro o que esperamos. Mãos no guidão. Olhos na estrada. Nada de tirar selfies enquanto pedala. (Acontece, e com frequência.) Guie em linha reta, em fila indiana, ou no máximo em filas de dois, sempre atrás de mim, a não ser que tenha sido chamado especificamente para ajudar lá na frente. Ter um ciclista inexperiente à sua frente pode ser sinônimo de desastre.

Cuidado na hora de frear ou fazer qualquer coisa que leve a pessoa que está atrás de você a frear bruscamente, derrapar ou bater.

Tirar o equipamento, só quando estiver parado. Tirar a camisa num grupo que se movimenta em alta velocidade pode ser perigoso. Vejo ciclistas fazerem isso o tempo todo. O corpo se aquece enquanto a corrida prossegue e lá se vão as camisas e as mangas térmicas.

Basta um único movimento errado. Quando 25 ciclistas estão voando num grupo em que estão todos próximos, um erro pode ser fatal.

Tenho este último ponto muito presente na cabeça, como uma nuvem escura pairando acima de mim.

13

A ARTE DAS REVIRAVOLTAS RÁPIDAS

O 59º Dia começa forte. Depois de nadar, troco para a roupa de ciclismo. Saímos da cidade nas bikes.

Hoje temos um grupo só de 15 pessoas e, à medida que vamos passando por cruzamentos e sinais de trânsito, um grupo ainda menor, de sete, parte no pelotão da frente. Aaron lidera. Ele é um ciclista nato e pedala com maestria, com um talento insano para guiar com firmeza e controlar o ritmo. Poderia ter sido ciclista profissional, mas preferiu ser preparador físico. Percorre regulamente longas distâncias comigo, sem reclamar. Não sei o que eu faria sem ele.

Meu amigo Jared também está conosco hoje. Ele é um policial aéreo aposentado, que também foi agente de investigação do Departamento de Segurança Interno dos Estados Unidos. Já participou de muitas etapas de ciclismo na Conquista dos 100.

Bri também marca presença. Ela geralmente pedala em uma bicicleta dupla com Dan, seu marido, mas hoje ele não está aqui e Bri pedala uma bicicleta comum.

Tio Johny está conosco, fiel como sempre.

Rhonda está posicionada direto à minha frente. É uma ciclista forte e experiente, que já correu conosco várias vezes.

Connor vem atrás de mim. Ele é um pouco mais novo que o restante de nós, mas gostei do que vi até o momento. Ter um ciclista de confiança atrás de mim é igualmente importante porque um menos experiente pode vir por trás, num ponto cego, e me atingir.

Os outros companheiros frequentes não estão aqui, embora eu me sinta à vontade com os que vieram. A temperatura está agradável. À medida que nos aquecemos, os participantes vão tirando as camadas de roupas. Além dos shorts, da camisa e das *leggings* verdes-rãs, uso uma bandana espalhafatosa na parte de baixo do rosto. Vejo que Rhonda tirou as mangas do braço e as amarrou no guidão.

Atrás de nós vem o carro de apoio, hoje com Danny ao volante. Ele carrega três bikes reservas num porta-bagagens acoplado — uma para Aaron e duas para mim — e mais lanches, peças de reserva para as bicicletas e roupas extras. Nosso sistema de apoio é bem azeitado, mesmo com vários motoristas. Antes do início da Conquista dos 100, fizemos uma chamada nas redes sociais, pedindo motoristas voluntários. A lista foi preenchida em dois dias. As pessoas contam que amam a experiência. Elas acabam tendo uma visão privilegiada do itinerário do ciclismo.

De vez em quando, Aaron grita algumas instruções. Ele muda para uma posição diferente, deixando outro ciclista revezar com ele na liderança. Um pelotão eficiente pode me ajudar a conservar até 30% de energia. Mais de um ciclista vai na frente e, se pegarmos um vento lateral, eles vão me proteger pedalando um pouquinho à minha frente e um pouco mais daquele lado. Hoje o vento está soprando do Leste. Jared muda de posição e eu grudo na traseira dele. Trabalhamos juntos, nos inclinando nas curvas, zunindo a alguns ombros de distância um do outro. Quanto maior a confiança mútua, maior a proximidade. Com os ciclistas em que mais confio, fico a poucos centímetros da roda traseira. Qualquer movimento mínimo faz diferença.

Aaron é muito criterioso na escolha dos integrantes do pelotão da frente. O ciclista tem que ter excelente destreza e todos precisam saber se manter na posição. No pelotão da frente, todos são pessoas amistosas. Mas se você estiver numa corrida e não souber se manter numa posição, os outros vão lhe botar para correr. Você vai ser um perigo para todo mundo à sua volta.

Aaron sabe que, se pegarmos um trecho de subida, o líder não vai poder ficar de pé nos pedais, porque isso aumentaria o dispêndio de energia. Ele sabe que, se os ciclistas no pelotão da frente estiverem com sede ou fome e quiserem pegar um lanche ou a garrafa d'água, eles precisam saber onde estou. Uma mínima mudança de velocidade pode estourar meu pneu dianteiro. Acrescente a isso a chuva e uma pista escorregadia e pode acontecer um desastre. A pior coisa que pode acontecer é eu bater e fraturar um osso, especialmente a clavícula, o que acontece muito com ciclistas, porque eles ficam muito acima do solo e o ombro costuma ser a primeira coisa a bater no chão. Uma clavícula quebrada significaria o fim da natação. Uma única queda feia pode encerrar toda a Conquista dos 100.

De maneira geral, uma bela dança silenciosa acontece entre mim e Aaron. Ele tem dois aparelhos de medição na bicicleta. Um mostra meus sinais vitais, o outro mostra os dele. Num piscar de olhos, ele decifra a linguagem do meu esforço e orquestra o compasso do grupo. Aaron pode diminuir ou aumentar o ritmo, dependendo de como eu estiver me saindo. Se tivermos um ciclista inexperiente ou descuidado no pelotão, ele passa a mim e aos melhores ciclistas minúsculos sinais não verbais, tão simples como um aceno de cabeça. Ele dispara na frente, aumentando seu dispêndio de energia. Seguimos logo atrás de seu pneu traseiro. As marchas mudam intensamente, enquanto os demais ciclistas tentam acompanhar o ritmo. O objetivo é fazer com que os menos experientes fiquem para trás. Pode parecer falta de educação, mas não é isso. É uma questão de segurança.

Queremos que todo mundo participe, mas não no pelotão da frente. Depois que mudamos o trajeto para passar pela região de Payson, a rota nos faz percorrer uma mesma volta curta três vezes. Outros ciclistas podem ir de carro até lá, nos encontrar e dar umas voltas conosco, se não conseguirem fazer a corrida inteira. Esse trajeto foi muito útil para atrair mais ciclistas.

Um quilômetro depois do outro, a etapa de hoje corre na mais completa tranquilidade. *Então por que estou sentindo uma certa aflição no ar?*

* * *

Estamos no trecho final, a caminho de casa, restando cerca de 48km. O céu está azul e a temperatura subiu. Jared muda de posição na frente do grupo. Bri e Tio Johny vão ao lado dele. Aaron segue atrás de Jared, Rhonda atrás dele, bem à minha frente, enquanto Connor vem atrás de mim. Danny dirige o Subaru atrás de nós. Mantemos um bom ritmo: uma média de 140 watts de potência e velocidade constante de 32km/h numa rodovia plana de pista dupla. Essa parte da rota não tem curvas nem subidas. Não há trecho mais seguro do que esse. Estamos flanando.

De repente, sem avisar, Rhonda bate numa parede de tijolos.

Pelo menos, é o que parece. Um estouro brutal. Ela cai de 32km/h para zero num instante. A velocidade da desaceleração é tão forte que parece uma alucinação se manifestando na frente dos meus olhos. Vejo-a voar por cima do guidão. A roda da frente parece ter ficado presa no asfalto. A traseira de sua bicicleta a catapulta para a frente. Tudo isso acontece em menos de um segundo.

E eu não tenho para onde ir.

Com a bike de Rhonda suspensa no ar, bato de frente na estrutura de fibra de carbono, dez vezes mais forte que o aço e duas vezes mais rígida. Ouço um barulho forte ao meu lado. A força da batida me faz voar sobre o guidão da frente. Dou uma cambalhota em câmera lenta, junto com as duas rodas e a armação da minha bicicleta. Por uma terrível fração de segundo, percebo que estou de cabeça para baixo, mergulhando numa piscina de asfalto.

A primeira parte do meu corpo que bate no chão é o alto da cabeça.

Escuridão total.

Eu sei que estou deitado no asfalto duro, no meio da estrada. A bandana do pescoço escorregou para cima do meu rosto. Alguém a abaixa, saca um telefone e liga para a emergência. O rosto de Danny está logo acima do meu, com o telefone no ouvido.

— O que aconteceu? — pergunto.

Danny grita algumas instruções para um socorrista. Ouço o barulho de sapatilhas pisando no asfalto. Aaron largou sua bicicleta à nossa frente e veio correndo até mim. Ele e Tio Johny agora estão ao meu lado. Tio Johny ergue a mão para me proteger dos raios de sol que atingem meu rosto e fala comigo com uma voz mansa e tranquilizadora.

— Estamos com você, James. Vai ficar tudo bem. Só fica quietinho aí. Você chegou a perder a consciência?

— É... — Procuro pelas palavras. — Eu estou bem.

Não quero que eles saibam que eu apaguei.

Eles me ajudam a sentar. Lentamente, apalpo as clavículas. À minha volta, vozes se erguem, exasperadas. Todo mundo está falando, correndo ou telefonando. O trânsito está parado.

Rhonda está deitada a alguns metros de distância. Jared e Bri a ajudam. Parece que os óculos de sol quebraram no rosto dela. Um corte profundo perto do olho está sangrando. A parte de baixo de seu rosto está coberta de sangue. Ela quebrou alguns dentes, ou bateu com o nariz e o queixo no chão. Parece atordoada. A bicicleta bateu com tanta força que os dois lados do guidão se partiram.

Eu me recomponho. Tio Johny e Aaron me ajudam a levantar. Connor também bateu, mas parece estar bem, com exceção do nariz sangrando. Em vez de bater em mim, ele se desviou e foi parar na vala do acostamento. O guidão de sua bicicleta ficou todo torto e Danny, que já largou o telefone, está ajudando a endireitá-lo.

Todas as partes do meu corpo estão cortadas e sangrando. Mãos, dedos, joelhos e um lado do nariz estão esfolados. O ombro dói. O quadril está lanhado. O joelho direito está machucado. Dou um passo à frente e consigo me equilibrar. Com isso, vou dar uma olhada em Rhonda.

— Você está bem? — pergunto.

Ela olha em minha direção por um longo tempo, tentando se concentrar. Então faz que sim.

Pergunto à equipe se alguém ligou para Sunny. Não quero assustá-la chegando em casa todo ensanguentado. Ligaram para ela e garantiram que eu estava bem.

Pouco a pouco, vamos encaixando as peças do acidente. Rhonda estava pedalando e o dia, esquentando. Ela tirou os manguitos do braço e os amarrou no guidão. Com o passar dos quilômetros, a vibração da bicicleta fez o nó se soltar. Sem que ela visse, um dos manguitos caiu e se alojou entre o aro da roda dianteira e o freio, onde ainda está preso. Isto fez com que a bicicleta estacasse imediatamente, como se alguém tivesse enfiado um cano entre os raios da roda. Acreditam que, quando ela capotou, eu teria atingido a parte de trás de sua bicicleta.

Agora ela está sentada na traseira do Subaru. Uma ambulância foi chamada. Jared também ligou para o marido dela, e ele está a caminho. Volto para perto dela.

— Não quero que você se preocupe. Não foi culpa sua. Só quero que você fique bem.

— Eu vou ficar bem — ela garante. — Fico tão triste de isso ter acontecido. Só quero que você possa ir em frente.

Uma voz atrás de mim me pergunta:

— Você vai voltar a pedalar?

— Vou — respondo. — Se eu não terminar a corrida de hoje, está tudo perdido.

Jared fica com Rhonda esperando os paramédicos. Connor diz que já vai se juntar a nós. Os guidões de minha bicicleta estão levemente envergados, e eu os ponho de volta no lugar, limpo a poeira e volto a pedalar na direção de casa. Bri, Tio Johny e Aaron me acompanham para quebrar a corrente de vento. Ninguém fala nada. Estamos todos em silêncio, cada um tentando lidar com o acidente da melhor maneira possível.

Minha estratégia foi a de não ser examinado pelos paramédicos. Nenhum osso está quebrado — pelo menos não que eu saiba. O que os paramédicos iriam fazer? Iam insistir em me mandar para o hospital, o que tomaria horas, talvez até a noite inteira. Se algo estiver errado comigo, pode ser até melhor eu nem ficar sabendo. Se eu souber, aí é que eu vou me preocupar e não pensar em mais nada. Se eu não souber, então isso não vai ocupar espaço na minha cabeça.

Enquanto pedalo, percebo que estou com o astral lá em cima. Eufórico mesmo. Estou grato por ter sobrevivido ao acidente e feliz por ainda ser capaz de pedalar. Agora não tem nada doendo. Em lugar nenhum. Nem sequer uma pontinha de desconforto. Nem mesmo no quadril. Isso faz com que eu me pergunte se o acidente foi uma espécie de *reset* geral. *Talvez tenha colocado o quadril de volta no lugar.* E aí me ocorre outro pensamento: *Estou me sentindo contente demais. Deve ser efeito da adrenalina. Isso não é bom.*

Pelo canto do olho, vejo a expressão do Tio Johny. Ele está com o cenho franzido e os lábios se mexendo, como que numa oração silenciosa. O rosto da Bri está fechado, impassível como uma rocha. Aaron tem um olhar distante. Ele diminui levemente a velocidade e tenta me dizer alguma coisa, mas é um pensamento muito complexo para aquele instante.

— Desculpa, James. Eu sinto muito.

Assinto, mas ainda não consigo lhe responder. Não foi culpa dele. Só não quero que fique sentido, e de repente eu vejo como todos nós estamos abalados. Estamos todos reprimindo um trauma, e ainda não sei o que fazer com isso. Tudo o que eu sei é que nós precisamos terminar o ciclismo e chegar em casa. Também vamos precisar de ajuda, porque eu não sei quanto tempo essa dose de adrenalina vai durar e o que vai acontecer quando ela acabar.

Como que por encanto, do nada aparece um vento a favor incomum, que nos ajuda a pedalar com mais intensidade. É como se fosse um vento sagrado, que chegou para nos abençoar e oferecer um bálsamo. Volto a olhar para Tio Johny e vejo que seus olhos estão concentrados na estrada, mas percebo que eles não estão totalmente nela. Ele está vendo para onde está indo e volta e meia olha para mim, para ver como estou me saindo. Mas sua expressão é como a de um suplicante que recebeu exatamente o que vinha pedindo momentos atrás.

Juro por Deus: Tio Johny está olhando para o céu.

* * *

Terminamos a corrida. Ficamos no jardim da frente por alguns momentos, enquanto Aaron dá uma entrevista para o documentário. Minha mente está tranquila agora, mas olho em sua direção e vejo que ele não está bem. Diz:

— Eu que devia ter caído. Minha função é proteger o James, e eu não protegi. Devia tê-lo mantido em segurança e fracassei.

Desligam a câmera. Vou mancando até Aaron e o abraço forte por muito tempo. Eu falo:

— Não, cara. Está tudo bem eu ter caído. Nós ainda podemos ir em frente. É nisso que temos que focar agora.

Aaron segura o choro. Ele vira de costas e parte na direção da garagem, que está aberta. Ele está de costas para mim, mas posso ver seus ombros tremerem, como se estivesse chorando. Todas as emoções tensas que ele vinha refreando dentro de si agora estão saindo. Depois de uns rápidos minutos, ele exala longamente, volta e me diz:

— Tudo bem. Já saiu tudo. Estou bem. Estamos firmes. Podemos continuar.

Entramos em casa e Sunny faz uma checagem geral. Ela examina meus ferimentos, olha o capacete e verifica o local do choque, bem no alto, onde bati no asfalto.

— Parece que não tem nada quebrado — digo. — Só quero continuar.

Agora todos os ciclistas estão dentro de casa e vários estão pálidos. Lentamente, estamos distensionando. Tio Johny tem lágrimas nos olhos. Bri também. Aaron optou mentalmente por voltar para a batalha, mas ainda está com os lábios cerrados. Recebemos uma mensagem de texto de Jared dizendo que o marido de Rhonda chegou no local e a levou ao pronto-socorro para receber alguns pontos. Ela quebrou o nariz e perdeu alguns dentes. Precisa passar por uma cirurgia. Sentimos muito por ela.

Troco de marcha e me preparo para a maratona. Tyrell está pronto para correr de novo comigo. Ele tem a minha idade, firme e forte, com sua barba desgrenhada. É meu melhor amigo há vinte anos. Tyrell e eu já participamos de muitas corridas de longa distância ao longo dos anos e me sinto feliz por ele estar a meu lado. Casey também vai correr comigo, como sempre. Neste momento, os dois estão na cozinha, amarrando os sapatos.

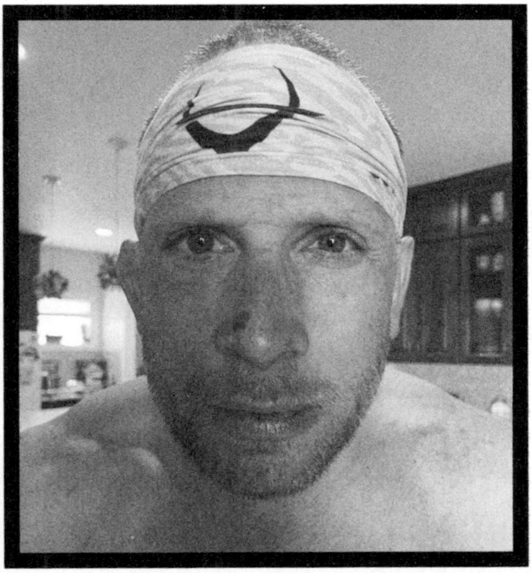
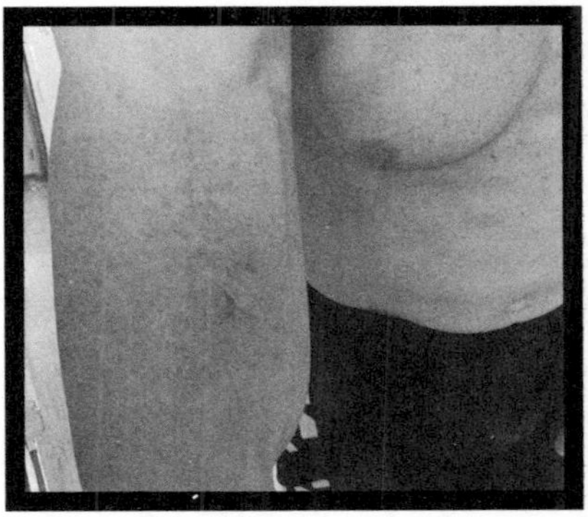
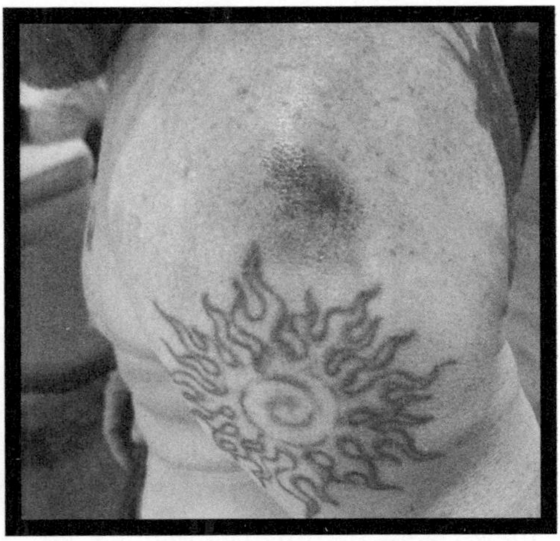
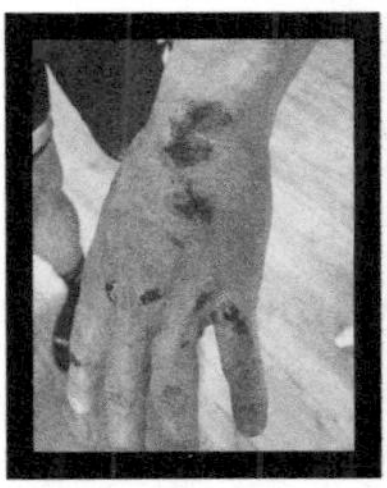
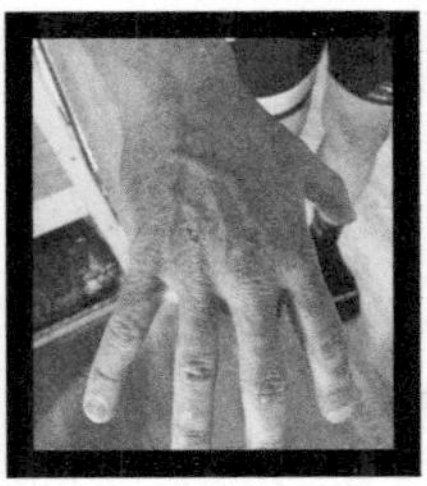
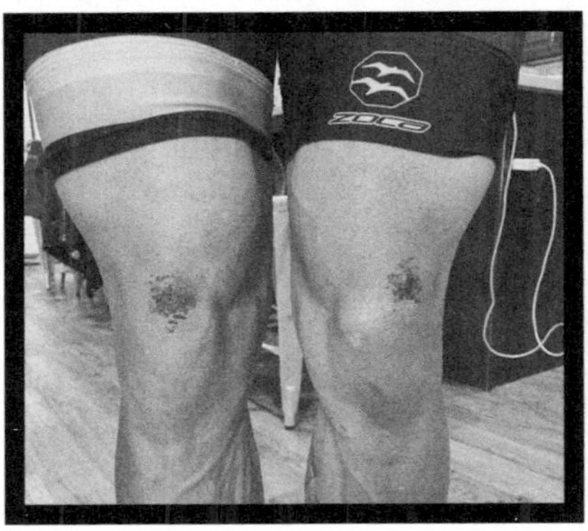

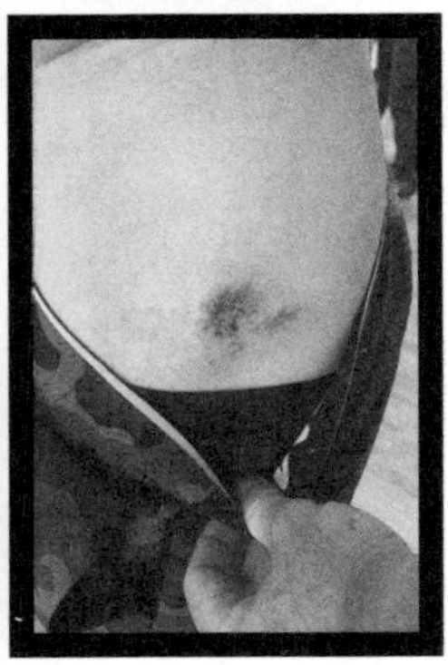

— Vocês estão prontos? — pergunto.

— Estamos — responde Tyrell. — Mas *você* está?

Não consigo responder. Simplesmente vou até a porta.

No início, não tem nada doendo. Ponho um pé na frente do outro, grato por agora estar na fase da maratona. Então, lá pelo km 16, começo a sentir umas pontadas de dor. Devagar, muito devagar, o acúmulo maciço de adrenalina começa a deixar meu corpo. A realidade do acidente começa a me atingir. Sinto uma fraqueza. As pernas parecem não me obedecer mais. Diminuo o ritmo e tento checar meu estado de espírito. Pergunto-me se vou ter forças para ir até o fim. Estou emocionalmente abalado, com medo de desabar. Tento (mas não consigo) gritar para alguém, ou simplesmente parar ali e chorar.

Em vez de sucumbir às emoções, analiso esse momento, verificando o que posso aprender com ele. Em condições extremas, você já ficou abaixo do que poderia ser seu melhor eu?

Relembro momentos do 50.50.50 em que eu com certeza não fui minha melhor versão. Exausto e com muita dor, tinha surtos de raiva em que, frustrado, gritava com a equipe. Uma vez tive poucas horas para dormir na van, mas não consegui encontrar um travesseiro, de modo que tive de me deitar no assoalho de metal e fechar os olhos. Quando acordei de péssimo humor, descontei em cima dos meus parceiros. Eles deviam tomar conta da logística, inclusive do meu travesseiro. Sunny viu tudo e apenas balançou a cabeça. Mais de uma vez naquela empreitada, mostrei facetas de mim que não eram as melhores.

Depois de vinte anos de casamento, Sunny me conhece muito bem e diz que, em meus piores momentos, quem aparece não sou eu por inteiro; não é a imagem completa. Ela tem um quadro mais amplo de referência e conhece meu verdadeiro eu. Ela sabe que sou um marido amoroso, pai provedor e gentil, um bom amigo e parceiro de equipe. Ela sabe que dou valor à empatia, gentileza, honestidade, integridade e determinação, que esses são princípios-chave em minha vida. Em meus piores momentos, sua delicadeza comigo fica ainda maior.

VONTADE DE FERRO: Quando estiver sob alta pressão, talvez massacrado pela ansiedade, profundamente decepcionado, com raiva ou desesperado, é fácil ficar fora de si, porque as emoções são pesadas demais. Fique alerta nesses momentos, porque é fácil fazer escolhas ruins que terão consequências graves. Um consolo para essas horas é que uma reação intempestiva não representa quem você é por inteiro. Mesmo assim, é bom ficar alerta. Num mundo de cultura de cancelamento e câmeras por todo o lado, nem todo mundo é compreensivo.

Casey e Tyrell me vigiam com cuidado enquanto sigo em frente na maratona daquela noite. Em 2020, uns seis meses antes de começar a Conquista dos 100, Casey, eu e uma amiga chamada Catherine competimos como equipe de revezamento numa corrida de resistência extrema chamada Uberman. É considerada o triatlo de ultradistância mais difícil do mundo.

Catherine começou a corrida para nossa equipe nadando 34km em mar aberto da ilha de Santa Catalina até o litoral de Palos Verdes. Foram dez horas e 13 minutos. Depois foi minha vez, pedalando 640km de Los Angeles a Badwater Basin, perto da fronteira da Califórnia com Nevada. Primeiro tive que subir até 6.100m de altitude, depois descer a 60m abaixo do nível do mar, o lugar mais baixo de toda a América do Norte. Esta etapa durou 27 horas e 59 minutos. Aí foi a vez do Casey correr 217km pelo calor massacrante do Vale da Morte, antes de subir os 3.960m do Monte Whitney, ponto culminante da parte continental dos Estados Unidos. Foram 33 horas e 22 minutos de corrida.

Casey cortou um dobrado. Enquanto corria pelo calor do Vale da Morte, começou a sofrer alucinações. Levava bastões de apoio e começou a bater em objetos imaginários com eles. Como equipe, o acompanhávamos de perto, não permitindo que ele caísse nunca, incentivando-o a acreditar que até isso ele seria capaz de superar. Certa hora ele parou, balançou a cabeça para melhorar a visão e disse: "Vamos em frente!" E voltou a correr. Quando isso voltou a acontecer, disse a mesma coisa. Esse lema virou uma espécie de *reset* para o corpo e a mente. Nossa equipe ganhou o revezamento do Uberman e cravou um novo recorde para o percurso, com o tempo total de 71 horas e 34 minutos.* Desde então, nós dois sempre usamos essa frase.

No km 29 da maratona, meu mundo interno começa a girar. Toda a adrenalina já se foi e sinto dor em todo o corpo. Olho para Tyrell de um lado, Casey do outro, e digo:

— Gente, eu estou muito mal. Só me ajudem a continuar andando, está bem?

É como se um osso do quadril estivesse se esfregando no outro. As tíbias estão pegando fogo. O ombro grita. As mãos estão em carne viva. Emocionalmente, estou além dos meus limites. Não tenho mais nada para dar. E a novidade agora é que a lombar está me matando. Sigo mancando por uns 800m e agora mal consigo andar. Ouço Tyrell dizer:

— James, você está bem?

— Não. — Minha voz ecoa. Uma lágrima solitária escorre pelo canto do olho.

— Vem, James — diz Casey. — Vamos em frente!

Aquela frase me traz de volta à realidade. Ponho um pé na frente do outro. É a pior dor que já senti em toda a Conquista dos 100.

Com 5km pela frente, volto a ter novas experiências fora do corpo. Meu espírito se ergue acima de mim e posso me ver lá embaixo, na trilha Murdock.

Casey fala de novo:

— Vamos em frente!

Desta vez, parece mais uma ordem.

Meu espírito volta para o corpo e eu sigo em frente.

Os últimos 3km são os piores. As mãos estão inchadas devido ao acidente. As costas parecem ter se partido em duas. As experiências fora do corpo pararam um pouco, mas tenho certeza de que vou desmaiar. Casey

---

* Resultados do Uberman de 2020.

e Tyrell estão me segurando, me dando apoio, me colocando de pé. Estou mancando, quase tropeçando, mas Casey e Tyrell continuam lá.

— Vamos em frente!

— Vamos em frente!

— Vamos em frente!

Perco a conta de quantas vezes ouço essa frase.

Finalmente completamos a trilha, então passamos para a última volta no parque. Casey e Tyrell ficam colados ao meu lado. Cada um pega um braço e um tornozelo e me ajudam a descer do meio fio. Agora estou em piso plano e dou a volta no parque, mancando a cada passo.

Termino a maratona do dia.

Por muito pouco.

Haydn quer que eu faça um exame de ressonância magnética completo, mas me recuso. Mesmo que eu tenha alguma fratura, estou confiante de que a força de meu corpo vai me levar adiante. Enquanto houver uma centelha de força dentro de mim, não vou parar por nada. Amanhã será um novo dia.

Enquanto estou deitado na mesa de massagem, fico pensando em Aaron. Posso tirar três lições de tudo isso: primeiro, que é bom estar cercado de pessoas leais. Aaron é 100% leal. Ele compreende minha visão e é parte integral da equipe. Não é bom ter pessoas de apoio que possam lhe abandonar, que fiquem criticando constantemente ou que só pensam nelas mesmas. A lealdade é a fundação do trabalho em equipe.

Segundo: é muito valioso assumir os próprios erros. Quando alguma coisa dá errado, poucas pessoas estão dispostas a admitir um erro. Contrastando com isso, o Aaron assumiu a responsabilidade por seu papel no acidente. Independentemente de ter sido ou não falha dele — e eu não acho que tenha sido —, ele levantou a mão e disse: "Fui eu. O erro foi meu." O que é admirável. É a marca de um verdadeiro líder.

Terceiro: podemos aprender a fazer viradas emocionas rápidas, como Aaron fez na garagem lá de casa. Às vezes, essas mudanças rápidas são muito úteis. Em situações intensas, problemas sempre vão acontecer, mas você não pode permitir que eles o tirem da batalha.

Uma rápida reviravolta emocional envolve reconhecer o acontecimento negativo. Não tem problema lamentar o negativo e se permitir ficar triste, mas muitas vezes você está lutando contra o tempo e não tem o dia inteiro, a temporada inteira ou o ano inteiro para isso. Não pode simplesmente sair de fininho e desistir. Aaron se sentiu sobrecarregado, por isso tirou um minuto sozinho, mas não ficou preso naquele momento. Voltou logo para o campo de batalha. Soltou um longo suspiro na garagem e depois voltou a trabalhar, sempre ao meu lado.

A chave para uma reviravolta rápida é não transformar um problema em catástrofe. Muitas vezes, quando surge um problema, nós o examinamos até chegar às conclusões mais extremas. Ele vira um redemoinho e cresce até que parece ser muito maior do que realmente é. Vira o pior cenário possível. Temos que lutar contra essa tendência, e isso se faz focando na realidade. Nos treinamos para encarar a verdade de uma situação — e só a verdade. Não criamos falsas narrativas na cabeça.

Aaron poderia ter entrado na garagem e nunca mais ter voltado. Poderia ter se convencido — erroneamente — de que o acidente tinha sido culpa dele, ou que não tinha mais condições de ser meu parceiro. Isso teria transformado o acidente numa catástrofe. Teria o transformado em algo bem maior do que realmente foi.

VONTADE DE FERRO: Aprenda os segredos das reviravoltas rápidas. Aceite que, como seres humanos, todos nós cometemos erros, e um erro não significa que estamos acabados. Aprenda com os erros passados e prometa melhorar no futuro. Enquanto isso, foque no momento. Volte para seus afazeres e suas vocações e siga em frente, um pouco mais sábio agora. Talvez um pouco mais humilde. Lembre-se de que seu trabalho é importante. Se você sair de fininho, ele não vai ser feito.

Parte de uma reviravolta rápida é ter a capacidade de, mentalmente, vestir o uniforme com agilidade. Por alguns momentos, Aaron tirou seu uniforme mental na garagem. Mas logo estava armado de novo. Voltou à luta e estava pronto para voltar ao trabalho, mesmo que sua cabeça ainda estivesse um pouco inquieta.

Falo para mim mesmo: *Amanhã eu não vou vestir o uniforme de alguém que está cheio de dor. Vou usar o uniforme do Caubói de Ferro. Vou retornar forte e não vou desistir até terminar a Conquista dos 100.*

14

QUANDO VOCÊ ESTÁ DESTRUÍDO

Quando o despertador toca na manhã depois do acidente, eu rezo antes de sair da cama: "Meu Deus, permita que o dia de hoje seja tedioso, sem nada de mais acontecendo, totalmente esquecível." É assim que gostaria que fosse, embora provavelmente isso não vá acontecer.

Digo a mim mesmo que estou recebendo exatamente aquilo a que me propus. Não exatamente o acidente, mas *a dificuldade* que me acompanha. Quando comecei a Conquista dos 100, meu objetivo era atingir meus limites, depois ir além. Sofrer com lesões e seguir em frente mesmo com elas faz parte de alcançar e superar meus limites. Vou ter que passar por cima de qualquer nova dor que apareça, então me adaptar e evoluir.

Essa mentalidade me deixa com uma sensação estranha de ansiedade. É exatamente o fato de que eu não sei o que vai acontecer a cada dia que traz uma nova pitada de emoção. Hoje vou escalar uma nova montanha — uma que eu nunca subi na vida. Estou prestes a colocar os pés na Lua.

Entro no banheiro, acendo a luz e examino as feridas. Tenho um arranhão feio no nariz, os dois joelhos ralados pelo asfalto e um roxo inflamado no bíceps direito. O machucado inchou e parece um vergão, quase do tamanho de uma batata. Todo o braço e o ombro direitos doem. A mão esquerda está doendo e parece ter passado numa máquina de salsichas. Também me preocupo com as lesões que não são claramente visíveis. Mexer o ombro dói tanto que me pergunto se vou conseguir nadar. Minha lombar está me matando e, se as costas não estiverem bem, todo o corpo entorta. Se tive uma concussão ao bater com a cabeça no asfalto, posso vir a enfrentar lapsos de memória, mudanças bruscas de humor, dores de cabeça, tonturas, problemas de concentração e ânsia de vômito.

Nada disso me anima muito. Mas tenho de saber o que está à minha frente. Por isso me visto, tomo o café da manhã e parto para a piscina.

Na água, o ombro se aquece e sua mobilidade me surpreende, mesmo com o corpo tão machucado. A água me acalma e a maior batalha até então é que a mente não para de reviver o acidente. Por um tempo, deixo-a fazer isso, analisando o território desta memória traumática. A violência preenche meus pensamentos e eu repetidamente vejo uma bicicleta aparecer de súbito na frente do meu rosto, uma pessoa no ar e depois a escuridão.

O trauma foi identificado e rotulado, mas eu não quero que essa memória fique armazenada na minha psique por muito tempo. Se ficar, pode atrapalhar meu físico. Já vimos como a mente e o corpo trabalham juntos. Se uma pessoa fica encabulada, seu rosto fica vermelho. Se uma pessoa está preocupada, ela sente um frio na barriga. O constrangimento e a preocupação são emoções. Um rosto enrubescido e um estômago revirado são maneiras de o corpo reagir às emoções. Muitas doenças físicas são, na verdade, estresses emocionais que se alojaram no corpo.*

Enquanto nado, dou um nome a esta memória negativa: O Caos. Depois eu me esforço deliberadamente para tirar o poder da tal memória, criando para mim uma narrativa mais ampla da verdade. O Caos aconteceu, mas o acidente foi um único evento isolado numa vida inteira disputando provas de ciclismo — não é a regra. Pratico ciclismo há décadas e já cobri milhares de quilômetros de bicicleta. Só bati deste jeito uma única vez. O Caos não acabou com minha paixão pelo esporte e é altamente improvável que algum dia eu vá passar por outro acidente parecido. As pessoas raramente são atingidas por um raio duas vezes.

---

* Para uma análise completa deste assunto, ver o livro do dr. Bessel van der Kolk, *O corpo guarda as marcas* (Rio de Janeiro: Sextante, 2020).

Na minha mente, crio uma nova imagem. Sempre que me vejo prestes a reviver O Caos, eu deliberadamente imagino um pelotão andando sem problemas, na mais completa segurança. Ele anda rápido e com eficiência e sou protegido por todos os lados por grandes amigos e ciclistas experientes. Esta cena já aconteceu de verdade inúmeras vezes. A nova imagem também ganha um nome. Eu a chamo de Maré Tranquila, porque é um nome engraçadinho e fácil de se lembrar. Eu passo essa nova imagem várias e várias vezes na cabeça e faço tudo para reforçá-la.

Aí eu nado um pouco mais e deixo a mente livre para ver o que acontece.

É fato que trechos do Caos ainda lutam para ganhar território na mente. O trauma quer conquistar terreno. Mas sempre que uma mínima imagem do Caos tenta aparecer nos meus pensamentos, eu grito mentalmente "Maré Tranquila!" e dirijo a mente para a nova imagem positiva.

Sim, os cérebros podem ser reprogramados. Tanto o meu como o seu também. Estou literalmente criando novos caminhos neurais.* Não vou ser vítima de um trauma. Nem você precisa ser.

VONTADE DE FERRO: Seu passado não é obrigado a determinar seu futuro. O cérebro pode ser curado e retreinado. Uma maneira de se fazer isso é por meio de técnicas de visualização que substituem as memórias traumáticas por memórias novas e positivas. Dê a cada memória um nome curto, para que você possa trocá-las rapidamente. Grave a nova memória no cérebro, pensando nela com frequência, deliberadamente.

No trecho de ciclismo do dia, somos abençoados com um dia lindo e sem vento. O mantra do momento é "devagar e sempre", e não paro

* Sophie H. Bennett et al., "Rewiring the connectome: Evidence and effects", *Neurosci Biobehav Rev.* 88 (maio 2018): 51-62, doi: 10.1016/j.neubiorev.2018.03.001.Epub 2018 Mar 11. PMID: 29540321; PMCID: PMC5903872, www.ncbi.nlm.nih.gov/pmc/articles/PMC5903872.

de visualizar a Maré Tranquila. Passamos pelos marcos dos 15, 30 e 50km. Mas não posso negar que meu corpo está cansado e dolorido.

Também expresso minha gratidão. Penso nos ciclistas fortes que vieram me apoiar. Estão empenhados em me manter atrás deles enquanto avançam de cara para o vento. Também me sinto grato pelo simples fato de estar montado ali, em minha bicicleta, ainda na luta. Sou grato pelo medo, até agora, não ter me dominado. No dia anterior eu caí do cavalo. Seria fácil desistir e nunca mais voltar a montar. Mas eu adoro pedalar, e não quero abrir mão de uma coisa que eu amo. Voltei a subir nas costas do mesmo cavalo.

Ainda assim, quanto maior a distância, mais o físico piora. No km 80, o quadril, os joelhos, os ombros e as costas estão todos berrando. Não posso fazer nada a não ser tentar parecer corajoso e ir em frente.

No km 120, repenso uma lição que foi reforçada naquele dia, mas que muita gente já ensinou. Se você for se esforçar só quando tiver vontade, nunca conseguirá ir tão longe quanto se se esforçar independentemente do que estiver sentindo. Vai haver muitos dias de treino em que você não vai ter a menor vontade de ir à academia, mas você tem que se esforçar. Se você permitir que os sentimentos comandem sua vida, nunca vai conseguir fazer nada.

VONTADE DE FERRO: Um poderoso segredo para o sucesso é ter disciplina. Todo mundo quer receber algo de graça, mas quase tudo que vale a pena exige esforço e algum dispêndio. Você não desenvolve a disciplina decidindo um dia que vai ser disciplinado. Você a desenvolve aos poucos, estabelecendo rotinas e estruturas e, então, as cumprindo dia sim, outro também. A disciplina passa a ser um subproduto das rotinas e das estruturas.

Digamos que eu tenha toda a intenção de ser disciplinado e completar as tarefas num fim de semana normal. Mas, quando chega o sábado, é mais fácil ficar de bobeira e não fazer nada. Por quê? Porque eu não tenho a menor vontade de fazer alguma coisa no sábado. Portanto, sem disciplina, é bem provável que eu passe o dia inteiro numa cadeira ao sol.

O que ajuda? Rotinas e estruturas. Talvez eu chame um amigo para chegar cedo em minha casa no sábado de manhã para corrermos juntos, porque combinamos fazer isso todo sábado de manhã. Talvez eu tire um tempo para levar minha esposa ao cinema e com isso dê um pouco de alento à nossa vida de casados. Quando crio rotinas e estabeleço estruturas, posso levar uma vida disciplinada, produtiva e positiva.

Podemos levar esta lição ainda mais longe. Se você ficar sentado, esperando por inspiração, nunca vai conseguir fazer nada. Se realmente quiser ser bem-sucedido, vai ter que se sentir confortável em enfrentar desconforto. Precisa agir, mesmo quando não estiver com vontade. Para avançar, para ser o melhor, para ser 100%, brutalmente, você mesmo, tem que reconhecer os benefícios de ter os braços e as pernas doendo depois de um dia de malhação pesada. A dor faz parte do cenário nessa jornada de viver sua vida mais plena. Quando você abraça o sofrimento e aprende a partir para a ação, independentemente de como esteja se sentindo, nada será capaz de o deter.

Estes pensamentos me ajudam a chegar ao km 180 e ao fim do ciclismo. Quando entro porta adentro depois desta etapa, Sunny me recebe com um abraço cuidadoso. Qualquer ato de gentileza é um bálsamo para o meu sofrimento.

Começo a correr às 14h15. Cada passo dói e já está escuro quando termino, mas sinto o término da maratona do dia como uma celebração por ter superado as adversidades. Quando me encaminho para a mesa de massagem, sinto-me mais otimista do que nas últimas semanas. O 60º dia foi difícil, mas eu nunca deixei de lembrar que, por mais que esteja com dor, eu ainda sou capaz de nadar, pedalar e correr.

Soubemos que Rhonda continua no hospital, se preparando para passar por múltiplas cirurgias plásticas de reconstrução do rosto. Não esqueço nem por um momento que, por mais que eu esteja cheio de dor, alguém sempre está em situação pior. Continuar na luta nadando, pedalando, correndo e, sim, até sofrendo, é um privilégio e uma dádiva. Sou grato por continuar no meu caminho. Rhonda não pode fazer nada disso.

Mal sabia eu que os efeitos posteriores do acidente mal estavam começando a se manifestar.

Os dias seguintes passam como se fossem um borrão. Sinto um paradoxo esquisito em meu corpo. De certa forma, os músculos parecem mais fortes e resilientes. O corpo como um todo está se transformando em algo novo. Por outro lado, a dor atinge níveis ainda mais altos. É como se cada célula estivesse sendo forçada além dos próprios limites. Se me perguntassem quais partes do corpo estão doendo, eu provavelmente diria que todas. Toda noite os cérebros de Haydn, Felisha, Sunny e o meu estão se revirando, tentando solucionar meus vários problemas físicos.

Sunny passa uma manhã inteira ao telefone com médicos e nutricionistas. Ela decide que eu preciso de uma nutrição mais saudável, numa tentativa de expulsar qualquer inflamação do meu corpo. Isso significa mais frutas e verduras e mais carboidratos naturais, como arroz e batatas. Ela é empática e está quase em desespero de tanta preocupação comigo. A falta de sono, a atividade constante — tudo isso a atinge também. Sunny está chegando a um novo limite. Tento argumentar com minha doce esposa, dizendo que pequenas quantidades de açúcar ajudam a me dar um incentivo mental — o que às vezes é tudo de que preciso para continuar. Mas Sunny se impõe, e percebo que ela está certa. Preciso fazer uso de todas as opções disponíveis para me restabelecer.

No dia seguinte, me sinto infeliz. Talvez seja meu corpo respondendo à falta de açúcar, implorando por mais daquela droga que lhe faz mal. Posso até estar sorrindo para as fotos, mas há uma dor imensa por baixo do sorriso. Sinto-me humilhado. Mesmo as coisas mais simples parecem exigir um esforço hercúleo. Quando paramos no km 80 do ciclismo, tenho que me esforçar para soltar a sapatilha direita. Cerro os dentes e termino a etapa, depois consigo chegar até o km 27 da maratona antes do meu quadril quase vacilar. Vou mancando até o fim.

Estou irritadiço. De pavio curto. Uma noite, grito com Lucy a troco de nada e rapidamente percebo que tenho que pedir desculpas. Quinze minutos depois, rosno um comentário enfezado para Lily e ela chora. Sunny vive perdoando tudo, mas também posso ver que estou lhe irritando bastante.

No dia seguinte, numa escala de um a dez, a dor chega a trinta, um nível de dificuldade que nunca experimentei antes. Quase não consigo me manter dentro do meu corpo. Cada movimento dói. Não sei mais quanto tempo vou durar. Estou tão fora de mim que mal consigo me concentrar.

No dia seguinte faz frio, com um vento selvagem soprando. Faltando 3km para terminar a maratona, todo o lado direito do meu corpo decide que não quer sentir mais nada. Isso também é novidade, mas chego à conclusão de que, às vezes, essa dormência é tudo de que preciso.

No 70º Dia, nossa equipe alegremente dá adeus à sexta dezena e começa um novo "deca", o termo que inventamos para um grupo de dez triatlos. Mas, bem de manhãzinha, quando chegamos à piscina, o gerente está fora de si. Ele explica que na noite anterior o aquecedor quebrou, e em vez de a água estar nos 29 graus habituais, está apenas a 22. É a temperatura ambiente, mas quase não tenho gordura no corpo. Para mim, a água está tão fria que às vezes penso que vou virar picolé. Quando subo na bicicleta, só penso em tentar me aquecer. O frio intensificou todos meus sentidos, se enfronhou em cada tendão, e meu único pensamento pelos 180km do ciclismo é o quanto eu anseio pelo dia em que não vou ter mais que me movimentar.

No dia seguinte, no km 27 da maratona, a dor nas costas fica tão forte que eu quase desmaio. Preciso juntar todas as forças para continuar. Haydn e eu conversamos sobre isso à noite, e ele acha que a culpa é de um impacto nervoso na região lombar. Mais uma vez, ele quer me submeter a uma ressonância magnética, mas eu não posso parar. Tenho que seguir em frente. Ainda tenho um mês pela frente.

Na manhã seguinte, me sinto tenso na natação, incapaz de relaxar. De novo, minha mente tem que lutar para não voltar ao Caos, e preciso de toda a minha concentração para terminar a natação. Na bicicleta, meu corpo parece estar sendo atingido por pedras, mas acabamos terminando em exatamente seis horas, uma das etapas mais rápidas do ciclismo até então. Esse é o paradoxo da evolução. É claro que meu corpo está ficando mais forte. No entanto, está passando por muita dor para poder evoluir.

Pela manhã, eu subo na balança. Faz pouco mais de uma semana que estou comendo apenas comida saudável e já perdi dois quilos e meio. Eu me pergunto de onde eles saíram. Naquele dia, fizemos uma etapa de ciclismo insana, com o tempo de 5h55min40s, pouco abaixo de seis horas, melhor que nossos tempos normais. Continuo sentindo dores, mas ver esses números me enche de uma nova esperança. Nada vai me parar até eu chegar ao final. No dia seguinte, fazemos um tempo melhor ainda: 5h46min50s. E voltamos a batê-lo no segundo dia, fechando em 5h26min00s, nosso melhor tempo desde que começamos.

São conquistas que me deixam felizes. Mas, em se tratando de evolução pessoal, sei que estou em sérios apuros. Os pesadelos voltaram e agora aparecem regularmente, embora eu faça o possível para não permitir que eles tomem conta da minha vida. Não estou mais me afogando, como acontecia antes, mas colidindo. Toda noite eu suo excessivamente sob os lençóis. Sinto tremores nas pernas e esperneio com tanta força que chego a acordar. Às vezes, mesmo exausto, tenho que me esforçar para voltar a dormir.

Do ponto de vista emocional, cheguei ao nível mais frágil que já experimentei na vida.

Então chega o 79º Dia. Até então, na Conquista dos 100, já cobri mais de 17 mil km. Pode parecer um bom número, mas só por um segundo. Chego a estremecer, pensando que ainda tenho mais 4.500km pela frente. A caminho do chuveiro, depois da natação, teclo uma pergunta no telefone: *Quantos quilômetros de Nova York a Los Angeles?*

4.495.

Para terminar a Conquista dos 100, vou ter que atravessar mais uma vez a parte continental dos Estados Unidos. No chuveiro, Casey percebe que estou há muito tempo debaixo d'água, e ouço quando ele se aproxima.

— Tudo bem, James?

— Eu não sei como vamos passar pela prova de hoje — respondo baixinho.

— Está tão mal assim?

— Sim. Está doendo muito mesmo.

Casey rebate:

— O que quer que nós tenhamos que fazer para lhe ajudar a terminar o dia, é só falar.

Desligo a água. Nós nos vestimos com a roupa de ciclismo, saímos do vestiário e montamos nas bicicletas. O grupo do dia é pequeno: Tio Johny, Aaron e dois ciclistas que eu não conheço bem.

Cinco quilômetros mais tarde, nos aproximamos de um sinal de trânsito, mas não tenho força suficiente para soltar os pés do pedal. Aaron está por perto, e eu digo:

— Não consigo soltar o pé.

Ele olha em minha direção.

— Segura no meu ombro.

Paramos no sinal. Seguro em Aaron para me equilibrar. O sinal fica verde, mas não consigo reativar o corpo para voltar a pedalar. Aaron me dá um empurrãozinho e eu pego embalo suficiente para ir em frente. Mas o cérebro está funcionando suficientemente bem para saber que algo está mais errado que de costume. Pedalamos por mais 3km e chegamos a um cruzamento perto de um banheiro público de alvenaria. Diminuo a velocidade e paro. Não é comum eu parar tão cedo nessa etapa. De alguma maneira, consigo soltar um pé e plantá-lo no chão. Tento sair da bicicleta, mas não tenho forças para me erguer do selim. Todas as partes do meu corpo estão doendo. Quero me deitar, dormir, sonhar e não acordar. Minhas reservas internas estão vazias. Minha força mental, esgotada. Não sobrou nada em mim.

Aaron me ajuda a desmontar da bicicleta, me apruma e me leva até o banheiro. Tio Johny percebe que alguma coisa está errada e nos acompanha. Somos os únicos no banheiro, e o tilintar das sapatilhas no piso ecoa em meus ouvidos.

Entro num dos compartimentos, fecho a porta atrás de mim e me sento na tampa de um dos vasos sanitários, ainda vestindo o bretelle de ciclismo. Não estou ali para me aliviar. O compartimento do banheiro é uma fuga.

As lágrimas correm pelo meu rosto. Preciso estar num lugar sossegado e seguro. Meu cérebro precisa de um espaço seguro e fechado para processar as novas profundezas da minha agonia.

Por um longo momento, minha mente é envolta por um forte nevoeiro.

Aí eu respiro bem fundo. Minha mente está clareando. Preciso conquistar pequenas vitórias para gerar momento. Uma pequena vitória levará à seguinte.

Falo comigo mesmo, repassando cada pequeno passo que eu preciso dar:

OK, James, preciso que você fique sentado por mais um momento e descanse.

Fico sentado por mais um momento.

Agora preciso que você se levante.

Cerro os dentes e me levanto de uma vez só. Me sinto tonto, mas estou de pé.

Agora você precisa sair deste cubículo, voltar lá para fora e subir na bicicleta.

Abro a porta, mas o banheiro começa a girar. Dou um passo à frente e tropeço. Aaron e Tio Johny me seguram.

— Eu vou ficar bem.

As palavras saem arrastadas, mas eu *não* vou ficar bem. Com toda certeza, estou no fim das minhas forças naturais. Meu cérebro está desesperado para manter o corpo em movimento, mas meu corpo está lutando contra a mente. Preciso de ajuda e não sei a quem apelar.

Tio Johny limpa a garganta.

— Vamos rezar — ele diz, pousando uma das mãos em meu braço e a outra levemente na minha cabeça.

Aaron adota a mesma postura. Põe uma das mãos em meu braço para me aprumar e a outra em minha testa. Ambos rezam em voz alta, um de cada vez. Tio Johny pede a Deus para me abençoar e me reconfortar, me curar e me dar força. Aaron agradece a Deus por estarmos aqui, mesmo num momento tão difícil, capazes de estar realizando esta empreitada por uma boa causa. Pede a Deus que nos guarde e proteja.

É uma prece cheia de esperança, um momento sagrado em que nos sentimos humildes. Reconheço que não estou sozinho. Estou me apoiando em Deus e Seu poder, e também posso contar com dois amigos que estão ao meu lado, mais próximos do que se fôssemos irmãos. Tio Johny diz amém.

Nenhum raio de luz mágico ilumina o banheiro. Não sofro qualquer recuperação instantânea. Mas me sinto mais leve, mesmo que ainda esteja chorando.

Nós três fazemos um longo descanso final. Simplesmente ficamos de pé neste momento desesperador que, agora, de alguma maneira, já não parece mais tão ruim. A voz retorna à minha mente e já consigo falar comigo mesmo. Embora não esteja bem certo se é realmente minha voz que, desta vez, enche meu cérebro.

Preciso que você saia do banheiro, James, e volte a subir na bicicleta.

Aceno com a cabeça e Tio Johny e Aaron me ajudam a sair. Eles me põem de volta na bicicleta. Aaron dá mais um empurrãozinho e já estou pedalando. Uma pedalada de cada vez.

VONTADE DE FERRO: Às vezes, o fundo do poço é exatamente o lugar em que você precisa estar. Quando você chega ao fundo, descobre a coragem e a força para subir. Cair e se reerguer podem redefinir quem você é. Escolha voltar com força. A determinação, uma mentalidade vencedora, fé e apoio das pessoas próximas podem lhe ajudar a subir. Você pode até cair sete vezes, mas vai se levantar oito.

Estamos na manhã seguinte. O 80º Dia. Apesar de sentir uma nova esperança, ainda tenho que lidar com a realidade de que cada dia é uma batalha. Raramente falo para as câmeras pela manhã, porque estou sempre exaurido. Mas nesse dia, antes de começar a natação, entro no Instagram, querendo compartilhar uma mensagem de esperança com os seguidores desta jornada.

— Bom dia — começo. — Eu geralmente não entro aqui de manhã. É...

As palavras fogem.

A câmera continua rodando, e eu preciso dizer alguma coisa. Mas estou tomado pela emoção e simplesmente fico ali, revirando a mente, enquanto o mundo me olha pelas lentes do celular.

Na pequena imagem do celular, vejo que estou um caco. Meu rosto está avermelhado e descamando. Os olhos estão fundos no rosto, devido à fadiga. Estão cheios de dor.

Olho fixamente para o celular, sabendo que deveria dizer alguma coisa — de preferência algo que inspirasse as pessoas. Mas agora qualquer coisa que saia já será positivo.

— Eu vou tentar... — Minha voz sai trêmula e falha. — Hoje eu vou tentar.

As lágrimas escorrem pelo meu rosto. Abaixo o celular, entro na piscina e começo a nadar.

O dia progride igual a tantos outros. Tudo é uma luta. Na bicicleta, quero falar algo gentil para os demais ciclistas. Quero que saibam o quanto eles significam para mim. Mas, quando a etapa termina, as palavras me faltam. Olho para eles e faço um coração com as mãos.

"Hoje eu vou tentar."

Bem no meio da maratona, Lucy entra no percurso e informa que minha mensagem lacrimejante na rede social está repercutindo muito. Pego o telefone e vejo os comentários. Alguém escreveu:

"Você poderia explicar o contexto? Está deixando todo mundo preocupado."

Logo abaixo, Lucy respondeu:

"O contexto são 79 triatlos de longa distância seguidos. Nada muito especial."

Adorei a ousadia de minha filha, mas preciso dar uma resposta melhor. Ligo a câmera de novo e explico que o dia inteiro foi uma batalha, com muitas lágrimas. Mas estou emocionado com todo o amor e apoio que me mandaram.

— A gente se sente pequeno — concluo —, mas também é uma sensação incrível. E eu continuo tentando.

Algumas horas mais tarde, bato oficialmente mais um recorde mundial. Fomos tão longe que temos que criar palavras novas para descrever este feito. Cunhamos o termo "octa-deca". Oito grupos de dez triatlos de longa distância seguidos. Tiro um momento para comemorar. Aí eu penso: *Ok. Oitenta já foram. Faltam vinte.*

15

SUBINDO A NOVAS ALTURAS

No início do 81º Dia, ouço Sunny se levantar e cumprir sua rotina matinal. Estou naquele estado semilúcido, entre o sonhar e o despertar. No entanto, eu sei o que ela está fazendo, porque toda manhã é igual.

Sunny entra no banheiro, fecha a porta e acende a luz. Ouço o barulho do higienizador nasal na bancada. Ela o enche de soro fisiológico, então limpa as narinas, expelindo alérgenos, bactérias e vírus prejudiciais e qualquer outra coisa que possa provocar irritação. Esse cuidado preventivo é uma forma de gentileza. Ela não quer ficar doente nem quer que *eu* fique doente. Ela bebe um copo d'água, toma suas vitaminas, depois entra no closet para se alongar, ler, rezar e expressar gratidão.

Ouvir esta rotina diária me traz conforto. Essa estrutura de dedicação faz parte do que torna Sunny um exemplo permanente para mim. Ela começa todos os dias como se fosse o Primeiro Dia.

Sabe aquela sensação do Primeiro Dia? Talvez você tenha feito uma promessa de Ano Novo e vai começar em 1º de janeiro. A meta está brilhando à sua frente. Você acorda ansioso para atingir seu objetivo. Mas alguns meses mais tarde, aquela energia do ano novo se dissipou. É por isso que a rotina exemplar de Sunny me estimula tanto. É o 81º Dia da Conquista dos 100 e ela ainda não desistiu. Continua com a mesma mentalidade do Primeiro Dia.

Ela criou estruturas que a ajudam a concluir com ânimo tudo o que faz. Sim, aquela empolgação inicial já diminuiu, mas os hábitos, as rotinas e as disciplinas que ela firmou colaboram para que siga em frente. E exatamente porque ela criou estruturas tão fortes, isso me inspira a seguir em frente também.

Inclusive naquela manhã. Porque eu realmente não estou com a menor vontade de me levantar. Digo a mim mesmo: *Eu tenho que fazer isso.* Eu não preciso fazer isso. Hoje pode ser o 81º Dia, mas tenho que encará-lo como se fosse o primeiro — com a mesma visão, alegria e entusiasmo de quando comecei.

> **VONTADE DE FERRO:** Um poder enorme aparece quando se adota uma mentalidade de "Primeiro Dia". Você estabelece um objetivo e passa a viver cada dia em função dele, como se fosse o primeiro de toda a empreitada. De propósito, a cada dia você parte com o mesmo entusiasmo em direção à meta. Você cria hábitos, rotinas e estruturas que possam lhe ajudar.

O que aconteceria se você acordasse todo dia com uma mentalidade de Primeiro Dia? O que aconteceria se você escolhesse se sentir tão animado em seu décimo ano de emprego quanto como se aquele fosse o Primeiro Dia? Como seria se você e seu parceiro de vida comemorassem o 50º aniversário de casamento com as mesmas palpitações no coração que vocês sentiam no início da relação? Claro que pode ser feito. Todo dia de manhã, você pode imprimir esta mentalidade em seu casamento. Acalente essa ideia. Pode até falar as seguintes palavras: "Hoje é o primeiro dia. Hoje é o melhor dia. Hoje nós *podemos* vivenciar o incrível privilégio que é estarmos casados um com o outro. Hoje é o Primeiro Dia."

Durante a maratona do 81º Dia, sinto um estranho fenômeno acontecer dentro de meu corpo. Com base nas últimas semanas de dor extrema, espero mais da mesma agonia. Mas, enquanto Casey e eu vamos contando os quilômetros, conversamos casualmente sobre basquete.

E aí me ocorre: a dor não vem mais com a mesma intensidade. O corpo ainda dói — não nego isso. A lombar continua sacolejando de um lado para o outro, gerando muito desconforto, mas quanto às outras partes, estou conseguindo suportar. O corpo está evoluindo, como era previsto. Agora estamos comprometidos até o pescoço com essa empreitada, atravessando um território que nunca foi mapeado. Mas agora que eu já passei e muito dos cinquenta triatlos — o limite do que era conhecido —, dou uma boa olhada em volta e o que eu vejo não é nada mal.

No dia seguinte, volto a ouvir o higienizador nasal. Aquele será mais um Primeiro Dia. Vou para a piscina. Quinn, meu filho de 11 anos, quer participar de uma parte de cada etapa do triatlo do dia. Ele pula na água e nada os últimos 200m. Quando terminamos, abre um largo sorriso, o cabelo louro, curto e desarrumado pingando água. É o sorriso mais bonito que eu vi nesses 82 dias, e quando eu saio da água ainda encontro forças para fazer uma última flexão na escada no canto da piscina, só para mostrar que ainda consigo.

Parto para o ciclismo. Encontro um fôlego extra e sigo em frente. Estou na minha melhor condição das últimas três semanas, a mente cheia de esperança e gratidão. Faltando cerca de 8km para o fim, meu filho aparece de bicicleta e quer terminar a corrida com a gente. Dou uma parada e penso no que ele está pedindo.

Meu filho está ali, a 5m de distância. Está numa pequena BMX de câmbio fixo. Tivemos um pelotão rápido e muito tranquilo naquele dia, e não deixo de pensar que estou pedalando com atletas de nível mundial. Mesmo assim, digo:

— Ok, Quinn. Lidere o pelotão.

É uma posição de responsabilidade. Quero que ele corra atrás de seus objetivos, que comece a aprender que pode se erguer a novas alturas. As pernas curtas de Quinn pedalam furiosamente enquanto ele nos leva para casa, e o momento também representa uma nova altura para mim — talvez para todos nós.

Olho para Tio Johny e vejo um largo sorriso em seu rosto. Ele pedala perto de Quinn, põe a mão cuidadosamente nas costas do garoto e dá um leve empurrãozinho nele, para incentivá-lo. O evento agora não é mais só

Quinn, aos 11 anos, me acompanhando na etapa de ciclismo do dia,
com a ideia fixa de completar um triatlo à sua maneira.

para a elite dos atletas de resistência. É uma reunião de um pai, um filho e bons amigos que parecem uma família, e aí eu vejo que é exatamente isso o que mais importa no momento. Espero que este passeio se torne uma parte importante da vida de Quinn, uma memória especial da sua infância. Outros ciclistas gritam frases de incentivo para Quinn e lhe fazem sinais de joinha. Terminamos a etapa com meu filho no pelotão da frente. Ele sorri de orelha a orelha.

Parto para a maratona me sentindo o máximo. Quinn aparece no meio do caminho e cumpre os últimos 21km. Todos nós vibramos no final, e isso me lembra de uma coisa que meu sogro disse. Quando envelhecemos e nos aproximamos do fim da vida, nosso foco muda das perguntas *O que eu vou fazer?* e *Quem eu vou ser?* para *Quem fui eu? O que foi que eu fiz?* e *Será que eu deixei um legado?*

Isso me faz pensar. Que memórias eu vou reter? Será que eu continuo a criar boas memórias? Eu estou parado, sempre esperando que coisas positivas aconteçam, ou as estou criando agora?

Se tudo o que nós temos no final são memórias, então precisamos criá-las deliberadamente agora e celebrá-las ao longo do caminho. E você? Quais você espera que sejam suas futuras memórias?

No 83º Dia, a piscina está abarrotada de gente. É mais um Primeiro Dia, mesmo que já estejamos na reta final. Algo monumental está assomando no horizonte. Tem gente vindo de avião e de carro de outros estados, atravessando enormes distâncias, vindas de toda parte.

Significa muito para mim quando as pessoas querem ser parte do que estamos fazendo, e de repente eu percebo que nunca vou saber completamente os efeitos totais que a Conquista dos 100 vai ter na vida das pessoas. A verdadeira inspiração tem um jeito de se alastrar para a vida de desconhecidos.

Muita gente apareceu nos últimos 83 dias. Lucy fez uma contagem e calculou que mais de mil pessoas se uniram a nós em algum ponto da jornada. Elas nadam, pedalam, correm e têm suas próprias experiências.

Voltam para casa com histórias legais para contar sobre o que realizaram. A esperança pode ir se espalhando de maneiras relevantes, e este é meu sonho constante: gerar grandes ondas de esperança. Quero oferecer às pessoas ferramentas que elas possam usar a vida inteira.

No 84º Dia, continuo com o humor excelente. É mais um Primeiro Dia. Um amigo meu chamado Bart está comigo na piscina, junto com Carlee e Casey, e eu penso nele enquanto nado.

Bart tem 41 anos e é gerente de um hospital, pai de quatro filhos, que decidiu, no início da Conquista dos 100, que estava disposto a nadar todos os cem dias. Ele cumpriu a promessa, nadando diariamente os 3.800m. Não perdeu um dia, ainda que nem sempre estivesse na mesma piscina. Se estiver fora da cidade a trabalho, ele nada na piscina do hotel. Às vezes nada sozinho na piscina do Lindon, se passou o dia inteiro trabalhando. Bart também é um ciclista experiente e participou várias vezes dessas etapas comigo. E embora correr não seja seu esporte favorito, ele completou vários triatlos de longa distância comigo, só para estar por perto quando eu precisasse dele. Ele ajudou a coordenar as pessoas e também apareceu em alguns dos piores dias de chuva e de neve, só para me incentivar.

Bart me disse mais de uma vez que desperto o melhor nele. Mas acho que ele também me ajuda a trazer à tona o melhor de mim. Ele não quer me decepcionar e eu também não quero decepcioná-lo e, como ele está na piscina hoje, encontro forças a mais para ir em frente.

VONTADE DE FERRO: A verdadeira confiança aparece quando os outros podem contar com a gente, quando estamos presentes na alegria e na tristeza. Quando você é responsável por alguém, e eles por você, então vocês dois ficam mais propensos a marcar presença e despertar o melhor um no outro. Vocês podem fazer muito mais juntos do que isoladamente.

O alto astral continua. Passamos voando pela etapa de bicicleta sem complicações. Na maratona, começa a chover forte e o tempo está surpreendentemente frio para o fim de maio. Mas, de alguma maneira, o tempo ruim já nem importa mais. Sei que sou capaz de correr uma maratona debaixo de qualquer tempo que o estado de Utah nos force a atravessar. Chuva, vento, granizo, neve. É só mais um daqueles dias. Minha capacidade de lidar com as dificuldades aumentou. Coisas que antes pareciam ser exasperantes já não me incomodam mais. Com cerca de 10km pela frente, percebo que minhas pernas estão pesadas e que estou desorientado. Mesmo assim, essas questões não passam de pequenas inconveniências. Já tive que lidar com as pernas e com a desorientação antes. Estou num astral tão bom que nada é capaz de estragá-lo.

Sunny e Carlee foram para um hotel em Park City, para fazer uma pequena pausa de um dia. As duas precisam de um descanso. De manhã, Sunny manda uma mensagem de texto dizendo que elas foram fazer compras, viram reprises de *Seinfeld* e voltaram a se sentir "quase normais". Até um pequeno refresco pode ajudar as pessoas a superarem um trauma e irem até o fim.

Um anestesista chamado Bryde descobriu que eu amo jogar golfe. Em algum ponto da sétima dezena de triatlos, ele trouxe um balde de vinte litros, uma cunha e umas bolinhas de plástico para a entrada principal da piscina. Num trecho da grama, ele armou um pequeno jogo. Daquele dia em diante, sempre que me dirijo para o vestiário da piscina no início de cada dia, pego um taco que ele deixou ali e jogo algumas bolinhas no balde. Talvez umas dez tacadas.

Isto só demora uns três minutos, mas me dá muito prazer, porque permite que eu me sinta normal de novo, mesmo que por pouco tempo. A sensação é excelente e me acompanha pelo dia inteiro. Sempre que estou jogando golfe, me sinto seguro, e não há nada como começar o dia com uma forte sensação de segurança. O golfe é um lembrete de que eu não vou encarar triatlos todos os dias pelo resto da vida. Em breve vou voltar a dar tacadas em bolas de golfe de verdade num campo de golfe de verdade.

VONTADE DE FERRO: Quando o caminho estiver difícil demais, é bom se permitir alguns refrescos. Faça qualquer coisa que lhe ajude a tirar suas dificuldades da cabeça por alguns instantes. Esses descansos o ancoram num lugar seguro e ajudam você a se lembrar de que nem todo dia vai ser tão difícil assim. As dificuldades não vão durar para sempre. Você está no processo de atingir novas alturas.

O público continua aumentando e o clima é mais festivo. No 86º Dia, na maratona, fico maravilhado ao ouvir com frequência das pessoas à minha volta que estão fazendo sua primeira maratona. Pessoas que eu nunca vi na vida.

Ouvir isso me deixa muito feliz. Por toda a Conquista dos 100, uma das grandes lições que tentei passar aos outros foi "Faça o que é difícil para você". Supere seus próprios desafios. E as pessoas têm feito exatamente isso. Estão saindo da zona de conforto e fazendo coisas ridículas que antes achavam que nunca teriam condições de fazer. Eu não sou o único agente instigador deste "empoderamento da comunidade". Enquanto vou dando um passo depois do outro, é tão legal ficar quieto e só escutar... Adoro ouvir as pessoas falando ao meu redor durante a maratona. "De onde você é? Me conta sua história." Desconhecidos interagindo com desconhecidos.

Quando o dia termina, Casey ri e diz que está entregando seu aviso prévio de duas semanas. Agora só faltam 14 triatlos. Estamos tão envolvidos nesta jornada, e ela já está quase acabando.

Mais um grupo grande e forte de ciclistas se junta a nós nesta etapa do 88º Dia. Mais uma vez, fico impressionado com a força dos números. Terminamos a corrida em rapidíssimos 5h04min05s, a melhor marca até então. Exatamente como previsto. Embora o corpo possa se desesperar no começo quando submetido a uma carga de grande intensidade, ele se adapta e fica mais forte e mais rápido.

Neste dia, meu fogo reacende com toda a força, pois marcamos o melhor tempo das etapas do ciclismo na Conquista dos 100, com um dos maiores grupos que já reunimos.
(*Matthew Norton*)

No 89º Dia, seguimos com força o dia inteiro. Acabamos de matar a oitava dezena. O dia seguinte será o 90º Dia, o que significa que estamos perto dos últimos dez triatlos.

É incrível só de pensar no quanto isto parece pouco. Se alguém dissesse "Ei, vamos fazer uns dez triatlos seguidos", isso pareceria uma loucura. Mas tudo é questão de perspectiva. Depois de percorrer noventa triatlos de longa distância, dez parecem mamão com açúcar.

VONTADE DE FERRO: Quando você deliberadamente se propõe a fazer coisas difíceis, sua confiança vai às alturas. Coisas que antes pareciam difíceis passam a parecer simples, quando vistas em perspectiva. Portanto, Vá com tudo e se esforce até não poder mais. Um dia, em breve, você vai acordar e ver que está vivendo seu sonho.

No 90º dia, as emoções estão fortes. Sinto um novo tipo de adrenalina correndo pelo meu corpo. Estamos na reta final. Na piscina, um grupo de nadadores se espalha por todas as raias, com exceção da minha. No fim de cada rotação, eu faço um pequeno descanso e ouço o barulho de muitas braçadas na água. Minha etapa corre perfeitamente bem e os espectadores me aplaudem quando saio da água.

Umas setenta pessoas pedalam comigo num grupo grande e colorido. Na maratona, mais ou menos a mesma quantidade de gente participa. As pessoas estão rindo, conversando e curtindo o dia. A atmosfera é festiva. Ainda está claro quando termino. Dou uma boa olhada em volta. A neve está desaparecendo das montanhas. Novas folhas nasceram, verdes e douradas nos salgueiros. Todos os sinais apontam para um final de sucesso.

No 91º Dia, as etapas da natação e do ciclismo passam voando. Durante a maratona, meu velho amigo Rich me acompanha. Há muitos anos, Rich travava uma luta contra o álcool e as drogas, e esses vícios o fizeram ir parar na cadeia. Mas ele quis mudar. Passou a ficar sóbrio, calçou os tênis

Sunny, Rich e eu, no início da trilha, logo antes da corrida do 91º Dia. O apoio de Rich é um começo perfeito para os últimos 42km do dia. (*Lucy Lawrence O'Connell*)

e corrida e começou a competir em triatlos. Depois de algum tempo, passou a realizar feitos incríveis de resistência e quebrou recordes mundiais. Recentemente, a revista *Men's Fitness* o colocou na lista dos "25 homens em melhor forma no mundo".[*] A vida reflete o que é a Vontade de Ferro. Prova que verdadeiras mudanças acontecem.

No fim de cada maratona, preciso subir uma ladeirinha na entrada do parque para chegar na trilha propriamente dita. Por várias semanas, eu estava tão exaurido que Casey e Aaron tinham que me ajudar nessa subida. Mas naquela noite eu corro sozinho. Dou a volta no parque e termino a maratona. O público vibra.

No fim do dia, vejo uma foto que tiraram de mim no km 130 do ciclismo. Eu tinha parado para fazer um lanche. Na foto, estou sem camisa, no sol. Fazia três meses que eu não via a expressão que levo no rosto.

Alegria.

Hoje me sinto feliz no ciclismo, embora venha sentindo dores horríveis há meses.

* www.richroll.com/bio.

* * *

Estamos no início de junho e chegamos ao 93º Dia. Passo voando pelo triatlo do dia. Março, abril e maio ficaram para trás, e meu astral está ótimo. No dia seguinte começa a contagem regressiva oficial dos últimos sete dias. O 94º Dia também passa voando, com mais um triatlo de longa distância. Quando o dia termina, lembro-me do fato de que eu nunca mais vou fazer isso numa quarta-feira.

O 95º Dia corre sem problemas, embora esteja mais quente do que em qualquer outro dia da Conquista dos 100. A temperatura chega a 34 graus. Quando estamos mais ou menos no meio da maratona, encharcados de suor, um vizinho se aproxima carregando meias-calças cortadas cheias de cubos de gelo e as distribui entre os corredores. Colocamos as meias sobre os ombros e a água escorre pelo corpo. Bem bolado.

No 96º Dia, tantos ciclistas vêm nos prestigiar que chega a dar medo. Passamos voando pelas retas, pelos morros e dobrando as esquinas. Sinto uma alegria profunda e percebo que os demais corredores também sentem. Percebo isso nos gritos deles e em seus sorrisos. Terminamos a corrida e Tio Johny me dá um forte abraço.

Na maratona, todos comentam sobre como o tempo está esquentando em Utah. O calor não é brincadeira aqui no verão. A máxima do dia é de 35 graus. Isto faz com que tudo seja mais difícil e nosso tempo, mais lento, mas o que vale é que terminamos. Aceitamos todos os desafios diante de nós, mesmo quando o dia fica escaldante. Não recuamos diante dos desafios, mesmo que sejam assustadores.

No fim do dia, Lucy faz mais uma avaliação dos recursos arrecadados e anuncia que já angariamos pouco mais de 200 mil dólares para a Operation Underground Railroad. Queremos chegar a 250 mil dólares, um quarto de milhão de dólares, e esperamos conseguir isso nesses últimos dias.

O 97º Dia é mais um dia tranquilo. Mais e mais ciclistas aparecem para nos acompanhar. Terminamos a etapa em 5h30min39s. Só faltam mais três triatlos.

O 98º Dia amanhece claro. A piscina está cheia de nadadores. As arquibancadas, cheias de espectadores. O apoio da comunidade é maior do que nunca.

Temos um grupo grande no ciclismo. Mas a etapa do dia me lembra de que nada termina até realmente chegar ao fim. Sinto ânsias de vômito e congestão nasal na maior parte das 5h40min05s necessárias para eu completá-la. O mal-estar faz o dia parecer mais longo. Durante a maratona, simplesmente continuo a por um pé na frente do outro. A máxima chega a 30,5 graus, mais um dia quente, e quando reúno as pessoas no fim da maratona, estou tão emocionado que mal consigo falar. Como faço todas as noites, reúno todo mundo que participou do triatlo completo para tirar uma foto. Geralmente, eu sei o nome de todos, mas o grupo cresceu tanto que agora a maioria é de desconhecidos. Aí faço um rápido discurso.

— Cada um de vocês aqui tem uma história. — Eu engasgo de emoção. — Por isso, obrigado por decidirem participar da corrida de hoje, e continuem lutando.

Todo mundo vibra.

No fim de cada dia, tiramos uma foto do grupo que apareceu para participar daquela etapa. À medida que o 100º Dia vai se aproximando, fica difícil colocar todo mundo no quadro. (*Lucy Lawrence O'Connell*)

* * *

São 5h30 da manhã do 99º Dia, mais um Primeiro Dia, e, durante a natação, decido aproveitar a tranquilidade que a piscina oferece neste momento. Uma música está tocando ao fundo, mas a sensação dentro da água é tranquilizadora. Faço uma pausa no fim de cada rotação e ouço os pássaros cantando e os nadadores dando suas braçadas. O sol se ergue acima das montanhas em matizes brilhantes de amarelo, roxo e dourado. Estou cercado pela luz do sol e por pessoas positivas, e aí eu percebo: ou nós nos movemos na direção da escuridão ou podemos ficar na luz. Quanto a mim? Eu não quero nunca sucumbir à escuridão. Quero empoderar a mim mesmo e às pessoas à minha volta para que todos possamos viver nossas melhores vidas.

A etapa de ciclismo do dia é deliciosa. Todos os 180km. Ouço risos e conversas enquanto passamos correndo pela estrada. Novos ciclistas apareceram e posso ver que estão se conhecendo, mesmo hoje. Quero me manter presente neste momento, só curtindo.

Na maratona, aparece tanta gente que nem Lucy consegue contar com precisão. Esse momento já está quase se esvaindo. A Conquista dos 100 está quase no fim e estou satisfeito com tudo o que fizemos. Quando corro, com um monte de gente a meu lado, alguém aparece do nada e me pergunta qual foi a maior surpresa nessa jornada.

— Olhe à sua volta — respondo. — Nunca se consegue nada de importante sozinho. Eu sabia que a comunidade tinha poder, mas fiquei surpreso pela força que demonstrou.

Na mesa de massagem, Haydn e Felisha trabalham em meu corpo por duas rápidas horas e, embora eu esteja cansado, tento ficar acordado o máximo que posso. Quero prolongar o bom momento. Quando você escala uma montanha e está a centímetros do topo, quer ver o mais longe possível, até o horizonte. Quer se lembrar de cada passo até o topo.

16

QUANDO VOCÊ TRIUNFA

O ar parece elétrico quando acordo na terça-feira, 8 de junho de 2021, o 100º Dia. Toda a minha vida me trouxe até este momento. Sunny abre a porta do chuveiro enquanto ainda estou lá dentro, e posso ver as engrenagens rodando em sua mente. A frente de suas roupas está ficando úmida com o vapor da água, mas ela não se mexe. Estamos unidos em solidariedade, na forte determinação do que fazemos e de quem somos. Ela pergunta:

— Você está pronto?

Respondo com um abraço apertado e seguro-a perto de mim, embora esteja totalmente encharcado. Sunny ficou ao meu lado o tempo todo. A cada passo. Cada quilômetro. Cada dia. Em todos os altos e baixos. Quando você ganha a vida participando de triatlos de longa distância, desistir não é um verbo que pode existir em sua casa. Nem no seu vocabulário, nem no da sua esposa. Eu não teria chegado ao 100º Dia se não fosse por ela.

— Não sei exatamente o que vai acontecer hoje — murmuro sobre sua nuca, ainda abraçado a ela.

Sinto que seus ombros estão começando a tremer. De incredulidade. De alívio. De triunfo. De diversão.

— James, eu só preciso que você faça uma coisa…

Ela faz uma pausa, a água quente ainda esfumaçando e soltando vapor. Não tenho a menor ideia do que ela vai dizer.

Ela sorri.

— Que você comece.

Um público menor aparece para a última etapa da natação, porque eu convidei todo mundo para nos encontrar numa festa no fim do dia. Quando termino as rotações, abraço todos os nadadores que consigo alcançar, depois tiro os óculos e a touca, mesmo antes de deixar a piscina. Pela última vez, Sunny passa uma toalha com meu nome bordado em torno dos meus ombros, e meto os pés nos Crocs. Na minha centésima nadada consecutiva de 3.800m, cravei o tempo de 1h21min45s, terminando ainda bem forte. Por muitos dias, me obriguei a sorrir — para meus filhos, para minha mulher, para as câmeras e para o mundo. Mas agora, não posso deixar de dar um sorriso autêntico, porque estou mesmo maravilhado.

Fora da piscina, o público está gritando e dando vivas. Sunny caminha comigo até a bicicleta. Beijo seu rosto, subo na bicicleta e parto na direção do percurso. Hoje, mais de duzentos ciclistas nos acompanham numa ruidosa bateria de pedaladas, trocas de marcha e correntes passando pelos descarriladores. Batedores da polícia param o trânsito em todos os cruzamentos para que possamos passar. A maior parte da cidade aparece para assistir. As pessoas vibram, batem palmas e tocam sinos para a Equipe do Caubói de Ferro.

Estou maravilhado, sabendo que cheguei oficialmente ao 100º Dia.
Meu sofrimento está prestes a acabar.
(*Matthew Norton*)

Centenas de ciclistas aparecem para o 100º Dia. Agradeço todo o apoio, mas fico um pouco preocupado com a segurança.
(*Matthew Norton*)

Nós passamos singrando pelo ciclismo. Prometi não me segurar e, quando terminamos a etapa, o público à minha volta me saúda como fosse carnaval. Fotógrafos correm em minha direção, tirando fotos. Quando desço da bicicleta pela última vez, eu pego ela nas mãos, ergo-a sobre a cabeça e sacudo-a na frente dos outros corredores, cumprimentando-os. Eles gritam de alegria.

Ergo a bicicleta no ar. Sinto-me triunfante e aliviado.
(*Matthew Norton*)

Terminei a última etapa do ciclismo em 5h06min59s, um dos tempos mais rápidos de toda a Conquista dos 100. Quando salto da bicicleta e faço um coração com as mãos para as pessoas, elas pedem um discurso. Balanço a cabeça e sorrio.

— Não tenho como fazer um discurso agora. Quero apenas que vocês saibam que eu amo todos vocês.

Faço um coração com as mãos, demonstrando minha gratidão a todo mundo que apareceu nesta difícil jornada.
(*Matthew Norton*)

Durante toda a campanha, a meta era começar a corrida às 14h15, mas dessa vez já estou na trilha às 12h45. Para mim, a maratona é sempre a parte mais difícil de cada triatlo. Está fazendo 28 graus quando começo e parto num bom ritmo. Corro 25km inteiros antes de baixar o ritmo para uma caminhada para poder gravar uma mensagem para o Instagram Live. Cobri 22.600km em cem dias e agora só faltam mais 16km. Estou inebriado. Sinto como se fosse imortal. Posso fazer duzentos triatlos. Talvez até mil.

Mas, 13km depois, a cabeça está leve e o cérebro, enevoado. Tudo à minha frente fica escuro. Graças à rápida ação dos voluntários, não caio de cara no chão. Depois de alguns momentos, me recupero e começo a andar de novo, no piloto automático. Dois minutos depois, volto a apagar.

Sinto-me como um bebê aprendendo a andar. Segundos mais tarde, milagrosamente, eu volto a correr. Silenciosamente, rezo para que meu corpo aguente.

Meus parceiros me seguram, como tantas outras vezes, no 100º Dia, quando começo a apagar. Eles se revezam, de olho em mim, por todo o final do percurso. (*Matthew Norton*)

A chegada dessa vez vai ser na Escola de Timpanogos, em Orem. Montamos uma enorme festa com jogos, fotos, pintura facial, rifas e *food trucks*. Só preciso cumprir os últimos 3km.

Quando finalmente entro no estádio, minha mente está tranquila, o corpo estável e o coração não cabe em si de felicidade. O plano é que todo mundo que correu comigo ao longo do dia se sinta à vontade de entrar no estádio e então se dispersar entre os espectadores. Nas arquibancadas, o público está de pé, vibrando.

Paramos por um momento para que o grupo se espalhe, então eu dou três voltas pela pista de atletismo só com a equipe, os membros da família e alguns amigos mais próximos. Nós flutuamos juntos pela pista, como se estivéssemos num sonho.

Falta uma volta e, nela, só Casey, Aaron e eu corremos. Os gritos da plateia são ensurdecedores. É um caos glorioso.

Corremos esta última volta em ritmo acelerado, a quatro minutos para um quilômetro. Faltando 50m de pista, dou um sprint final, num ritmo que ninguém espera. Termino a última volta, então diminuo a velocidade e dou alguns passos no gramado interno. Um monte de gente se reuniu num corredor estreito, de cerca de 20m, chamado de zona de chegada. Paro alguns instantes e me curvo levemente, colocando uma das mãos no quadril e a outra sobre a boca, tentando me conter e segurar as lágrimas. A emoção de toda aquela empreitada deságua sobre mim. Estou completamente emocionado. Então eu volto a me erguer e dou a última corridinha. Cruzo a linha de chegada oficial.

A Conquista dos 100 acabou!

No mesmo segundo em que cruzo a linha de chegada, minha família corre até mim como uma turba maravilhosa. Ficamos nos segurando uns nos outros num enorme abraço. Minha mão está em cima da mão de Sunny. Dolly está junto à dobra do cotovelo. O rosto de Lucy está colado em meu antebraço. Quinn, Lily e Daisy estão debaixo do outro braço. E assim ficamos por um longo e glorioso momento.

Quando nos soltamos, um enorme suspiro sai de meus pulmões. Toda a pressão acabou. Todas as expectativas. Meu coração não se aguenta mais de alívio. De emoção.

Terminamos bem. Provamos que somos muito mais fortes do que imaginávamos. Mostramos que, quando as coisas ficam feias, não somos obrigados a desistir. Estamos lidando com aquele campo misterioso, onde o impossível se torna possível.

Não posso deixar de pensar que um triatlo de longa distância oficial tem uma marca de corte de 17 horas. Começa às sete da manhã e vai até meia-noite. Essa não era uma exigência na Conquista dos 100, mas eu queria me certificar de ficar sempre abaixo dessa marca diariamente, e isso também é parte da minha satisfação. Mas eu tiro esse pensamento da cabeça quando estou na linha de chegada. Não é nos números que quero pensar agora.

As horas seguintes são cheias de emoção, inúmeros abraços, cumprimentos, soquinhos, fotos, entrevistas e adrenalina. Uma celebração total.

Minha família me abraça assim que cruzo a linha de chegada. Triunfamos juntos. (*Matthew Norton*)

Você consegue vislumbrar sua linha de chegada? O que quer que seja "difícil" para você, um dia você vai alcançar. Vai ter êxito.

O que acontece entre o agora e o "um dia"? Você vai estabelecer sua grande meta e guardar uma imagem do seu sucesso dentro de si. Grave-a com ferro em brasa na mente. Então divida sua grande meta em partes administráveis e concentre-se nos pequenos passos.

Não permita que os haters influenciem suas decisões. Não se permita ser desviado de seu caminho. É você quem escolhe a pessoa que quer se tornar.

O sonho é *seu*, não dos outros. Esteja sempre correndo atrás da melhor versão de si mesmo. Seja 100% você mesmo, de maneira brutal.

VONTADE DE FERRO: Você não vai saber de tudo quando começar, então não se preocupe com isso. Apenas comece e o resto vai vir. Cerque-se de pessoas que o apoiem. Dê duro sempre. Não aceite desistir. Aprenda a dar valor aos dias difíceis. Continue indo em frente, mais uma hora, mais um minuto, mais um segundo. Continue se esforçando e seja a melhor versão de si mesmo que puder. Lute sempre. Seja incansável. Um dia, em breve, você vai cruzar sua linha de chegada. Você vai triunfar. Porque você, meu amigo, é muito mais forte do que imagina.

Mais tarde, na mesa de massagem, quando Haydn e Felisha trabalham em mim pela última vez, sei que devia estar me sentindo completamente acabado, mas tem um segredo dentro de mim que está com vontade de sair.

A Conquista dos 100 pode até ter acabado, mas eu tenho mais uma surpresinha na manga.

17

RESERVAS INEXPLORADAS

A Conquista dos 100 já passou. Às 5h23 da manhã de 9 de junho, o dia seguinte ao que terminamos, Lucy posta mais uma foto nas redes sociais. A foto me mostra no Lindon Aquatics Center, de macacão, com uma única palavra na legenda: *Surpresa.*

Minutos depois, entro na piscina e faço o que fiz nos cem dias anteriores: começo um triatlo.

Desta vez, eu nado sozinho. Não tem plateia vibrando nem exército de voluntários. Só eu, enfronhado em minha solidão, dentro da água, arrastando meu corpo exausto pela piscina, enquanto Sunny e meus parceiros me esperam do lado de fora.

Quero mandar uma mensagem simples. Independentemente do que já tenha conquistado, você ainda tem reservas inexploradas dentro de si. Mesmo que esteja destruído e exaurido. Mesmo que tenha triunfado e atingido sua meta. Mesmo depois de ter comemorado, apagado as luzes e voltado para casa, ainda com o chapéu da festa.

Começo o 101º Dia sozinho, na piscina.
(*Matthew Norton*)

Sempre dá para fazer mais alguma coisa.

E é para isso que serve o 101º Dia. O poder do "mais um" pode representar uma mudança radical na hora de alcançar suas metas. Você não deve se subestimar. Diante de desafios e obstáculos, é natural se sentir desmotivado. Depois que uma porta é fechada na sua cara, e depois outras e mais outras, é tentador desistir.

Nesses momentos cruciais, mais um passo pode fazer toda a diferença. Ao se obrigar a fazer mais uma série, mais uma tentativa ou mais um esforço, você geralmente consegue derrubar qualquer barreira que esteja lhe detendo. Esse esforço extra leva a um crescimento pessoal e a realizações impressionantes.

Uma hora a mais de estudo pode ser exatamente do que você precisa para se formar com louvor. Um telefonema a mais pode ser aquele ponto de inflexão no seu negócio que garante um cliente enorme, que vai mudar sua vida. Mais um dia de prática pode fazer você dominar uma nova arte. Mais uma apresentação pode ser exatamente aquela que trará um contrato importante. Mais uma conversa longa e compassiva pode significar uma reviravolta num casamento problemático. Mais uma experiência pode trazer uma nova e maciça descoberta científica. Mais um teste pode deslanchar sua carreira de ator. Mais uma sessão de ouvir atentamente o que um adolescente tem a dizer pode reverter um mau comportamento e mudar toda a trajetória da vida dele.

VONTADE DE FERRO: Quando você se sentir prestes a desistir, lembre-se desse mantra poderoso: Só mais um. Insista, abrace o desafio do longo prazo e testemunhe o poder de transformação de dar mais um passo em direção à grandeza.

Hoje é o meu "triatlo a mais". Quero passar a mensagem de que cem triatlos não me destruíram. Embora a Conquista dos 100 tenha sido a empreitada mais difícil que já enfrentei — e eu tenha dado tudo que tinha para alcançá-la —, mesmo agora eu ainda consigo encontrar mais uma gota de gasolina no tanque. Possuo reservas inexploradas.

Você também.

Naquele dia, na piscina, a água parece estar quente e transparente, refrescante ao bater em meu rosto nu, meus braços e minhas mãos. Bato braços e pernas com determinação. Volta após volta, não tenho mais nada a provar. O sol já nasceu e minha mente está tranquila. Quando saio da água, depois de 1h23min46s, a notícia de que vou fazer um triatlo extra já se alastrou e alguns fãs mais ardorosos apareceram para tirar fotos, me abraçar e dar soquinhos com a mão. Hoje não são participantes, só querem desejar boa sorte, e eu entendo isso. Todo mundo já se dedicou muito.

Quando saímos para o ciclismo, somos só eu, Aaron e Casey: um caubói extenuado e seus dois parceiros de confiança, que me apoiaram a cada pedalada do caminho. Juntamos mais uma dúzia de ciclistas pelo caminho, sorrindo e nos cumprimentando por nosso surpreendente dia da vitória. Enquanto pedalamos, nós rimos, contamos histórias e trocamos recordações. É uma verdadeira volta da vitória, sem pressão. Meu único arrependimento é não ter contado que ia fazer isso para mais participantes regulares que mereciam estar incluídos nesse último viva. Terminamos a etapa do ciclismo num ritmo sólido e forte: 6h11min43s.

Os participantes regulares aparecem para a etapa de ciclismo.
Já sabem o trajeto de cor e não podem perder.
(*Matthew Norton*)

Mudamos a maratona para um caminho que não divulgamos, para que ela possa ser feita só com os amigos e a família. Mas, antes, eu me permito tirar um cochilo, porque esse é um bom dia para descansar. Por volta das 15h30, eu saio de casa para uma última maratona prazerosa com as pessoas que mais amo. É um dia quente e bonito, com a temperatura ainda a 27 graus às 21h30, na marca do km 27. Continuo correndo e termino com o tempo de 7h36min42s.

Foi um dia mais lento, mais um lembrete de que não há atalhos para a grandeza. Fazer o impressionante nunca é fácil. Uma grande empreitada será sempre uma grande empreitada. Sempre vai exigir trabalho duro, dedicação e esforços consistentes. O sucesso não é uma moleza. Ele é conquistado com perseverança e a disposição de se fazer o que for necessário.

Quando termino a corrida, abraço meus parceiros e minha família. Solto mais um enorme suspiro de alívio. As palavras de Forrest Gump depois de ziguezaguear numa corrida de cross-country vêm à minha cabeça. Ele disse apenas: "Estou bem cansado. Acho que agora eu vou para casa."

A volta da vitória está completa. Somos todos Caubóis de Ferro.
(*Matthew Norton*)

Agora, realmente chega. Não vai ter 102º Dia. Sinto-me pequeno, mas triunfante. Completei 101 triatlos de longa distância em 101 dias seguidos. A equipe me trouxe até aqui, e juntos triunfamos.

Somos todos Caubóis de Ferro.

18

A PRIORIDADE DA RECUPERAÇÃO

Na manhã do dia 10 de junho de 2021, no dia seguinte de eu ter completado o 101º triatlo, olhei para um monte de roupas que tinha acabado de sair da secadora. Sunny me pediu para separar minhas meias de atletismo das meias comuns, mas o cérebro não conseguia processar nem uma tarefa simples como esta. Depois de ficar com o olhar fixo por vários minutos, uma enorme onda de exaustão varreu meu corpo. Tonto, fui até o quarto, me deitei e caí no sono rapidamente. Nenhum sonho me perturbou. Nenhum pesadelo. Nenhum espasmo. Só o sono mesmo.

Várias horas mais tarde, quando acordei, Sunny falou:

— James, você está se sentindo exatamente como deveria. Está no outro lado da montanha. No vale. Cuide só de descansar.

Na noite de 10 de junho, fui de avião à UCLA, em Los Angeles, para os exames e testes de estresse depois da Conquista dos 100. No voo, senti uma enorme dor de cabeça e dor no corpo inteiro. No hospital universitário, fui submetido a uma série de testes, que levaram à conclusão de que, fisicamente, eu ainda estava forte. Bati o recorde deles na *watt bike* e me disseram que eu tinha a saúde cardiovascular de um homem de 20 e poucos anos. Mas, no geral, meu corpo não parecia normal.

Voltei para casa e tive que atender a um caminhão de pedidos da mídia. Nas semanas seguintes, dei dezenas de entrevistas e viajei por várias cidades, num tour promocional. Minha mente conseguia manter a atenção e isso me permitia passar por todas as entrevistas, mas eu me sentia só o bagaço. Eu havia ultrapassado tanto o limite da normalidade que nada mais parecia normal. Meu corpo estava lidando com o choque de um enorme desgaste dos músculos, ossos, tecidos conectivos e articulações. Mas a exaustão ia além do físico. Minha mente estava exausta. Meu espírito, exaurido. Eu estava extenuado, arrasado. Esgotado. Emocionalmente vazio. Eu havia submetido meu corpo a tantos traumas que a mente e o espírito tiveram que se virar ao máximo para me proteger do estresse.

Era um território totalmente novo para mim. Eu já tinha me sentido acabado antes, cansado depois de uma maratona, exausto depois de um triatlo, destruído após o 50.50.50. Mas esse novo nível de vazio era como viajar para um novo país, cuja língua eu não falava e cujos costumes eu não conhecia.

Por algum tempo, tentei fazer as coisas que já haviam me ajudado a me recuperar em outras ocasiões. Fui passar as férias com a família no México. Joguei golfe. Fui assistir aos jogos de basquete do Utah Jazz. Vi futebol americano na televisão. Fiz uma dieta saudável e tomei vastas quantidades de vitaminas e suplementos, que ajudavam a garantir níveis de energia consistentes e a saúde celular. Fiz terapia com células-tronco. Usei regularmente terapia de luz vermelha para reduzir a inflamação e reparar o tecido muscular. Passei por terapia de campo magnético pulsado, que emite campos eletromagnéticos para o corpo, de modo a estimular a reparação dos ossos e o crescimento celular. Todas essas coisas me ajudaram, mas eu continuava no vale.

Qual é uma das melhores coisas a se fazer quando se está por baixo? Sair de casa e praticar alguma atividade. Depois da Conquista dos 100, passei a andar muito de bicicleta. O ciclismo é a minha paixão, e eu adoro subir os morros perto de casa. O ar fresco, a paisagem cênica, a dose de endorfinas que vem com o exercício — tudo isso ajuda a encher meu tanque de gasolina. Às vezes, Sunny e alguns amigos me acompanhavam. Às vezes, eu ia sozinho com meus pensamentos.

VONTADE DE FERRO: Se estiver se sentindo triste e deprimido, uma das piores coisas que você pode fazer é ficar em casa, ruminando pensamentos negativos. Saia de casa e mexa-se. Faça alguma coisa que você ama. Sair de casa e se exercitar provavelmente não vai curá-lo imediatamente nem completamente. Mas é um bom lugar para se começar.

Quando estiver ao ar livre, se exercitando, talvez você descubra que precisa de mais ajuda, ou que algo mais está errado. Isso também é normal. Foi o que aconteceu comigo.

Depois de um mês de tentativas, minha lombar continuava me matando. Nada parecia ajudar. Fui a um quiroprata que tirou alguns raios-X, que, por sua vez, trouxeram uma notícia assustadora. Uma rachadura fina atravessava minha vértebra L5. É quase certo que isto tenha acontecido durante o acidente do 59º Dia.

— Sabe o que isto significa, James? — perguntou o quiroprata.

Apenas dei de ombros.

— Que você completou 42 triatlos com a coluna quebrada.

Tudo tem um propósito. Talvez nunca venhamos a descobrir por que alguma coisa aconteceu, ou só possamos entender o motivo muito tempo depois. Mas coincidências são raras e quase não existem. Quase sempre há um motivo.

VONTADE DE FERRO: Acreditar num propósito ajuda quando estiver sentindo dor ou passando por dificuldades. Você talvez nunca venha a saber todos os motivos por que alguma coisa aconteceu, mas até a dor tem um propósito. Ironia das ironias, a dor tem uma maneira impressionante de ajudar o mundo, se o poder que você lhe der for na direção certa. A dor pode protegê-lo, pode motivá-lo a seguir em frente. A dor pode encorajá-lo a fazer coisas melhores. Quando você experimenta a dor, é capaz de reconfortar os que estão sofrendo.

Por exemplo, a dor do mau tempo na Conquista dos 100 evitou uma pior, vinda de outro lugar. No começo, tive dúvidas sobre a minha decisão de fazer a empreitada nos meses de março, abril, maio e junho. Tivemos que enfrentar muita neve, chuva e granizo no começo... Mas, com o tempo, o *timing* se revelou acertado. Durante o verão de 2021, uma série de incêndios florestais arrasou as florestas de Utah e dos estados vizinhos. Quando vi aquela fumaça densa e pesada em nosso vale, percebi que seria extremamente massacrante para a saúde de todos estar lá fora, fazendo 101 triatlos naquele verão, de modo que fizemos a escolha certa.

Minhas tíbias destruídas levaram a outra grande dúvida. Elas me fizeram sofrer por muitos dias. Que tipo de propósito teria aquilo? Elas doíam muito e diminuíram meu ritmo. No entanto, quando o projeto acabou, muita gente comentou que apreciou bastante o ritmo mais lento da maratona. Esse ritmo tranquilo permitiu que muita gente participasse das corridas, conhecesse o trabalho árduo que é correr uma maratona, crescer e evoluir. Os corredores não tinham que ser atletas profissionais para acompanhar o ritmo. Eles expressaram o quanto amaram estar numa comunidade de pessoas iguais a eles. No fim das contas, sem querer, minhas tíbias arrebentadas permitiram que uma bênção chegasse a muita gente.

Outras boas notícias também chegaram. Ao fazer o balanço final da arrecadação de fundos para a Operation Underground Railroad, soubemos que a captação ficou acima de 250 mil dólares, ultrapassando a meta inicial. Boa parte dos últimos 50 mil dólares veio no 101º Dia, o que mais uma vez ressalta o valor de sempre se fazer mais um pouco, mesmo que seja doloroso.

A benevolência não parou por aí. Depois que a Conquista dos 100 terminou, as doações continuaram entrando, mais rápido do que nunca. Em meados de junho, o total já passava de 500 mil dólares. Um ano mais tarde, reuni a família na sala e mostrei um número que parecia surreal. Uma coisa é falar que se está angariando fundos para uma boa causa, mas outra, completamente diferente, é conseguir o dinheiro. E os doadores se fizeram presentes com força. Arrecadamos mais de um milhão de dólares.

Apesar de toda a bondade, nem tudo ia bem na minha recuperação. Em agosto de 2021, voltei para casa depois de uma palestra na Islândia e peguei um avião direto para Leadville, no Colorado, para competir numa corrida de mountain bike de alta velocidade. É um trajeto espinhoso de 167km, e parte do que o torna tão difícil é que ele se localiza a mais de 3.350m acima do nível do mar. Uma altitude dessas pode destruir uma pessoa.

Dei tudo o que tinha naquela corrida. No km 80, minhas pernas e meus pulmões estavam queimando, mas com isso eu sabia lidar. Mas meu cérebro começou a ficar enevoado e eu estava zonzo na bicicleta. Correndo na direção de uma curva fechada num desfiladeiro íngreme na montanha, passei a dois centímetros da ponta de um precipício. Achei que estava sonhando. Outras pessoas também perceberam. No km 100, minha equipe interviu.

— Pela primeira vez na vida, alguém tem que lhe dizer que o que você está fazendo é perigoso — disse alguém.

Olhei feio para ele.

— Eu nunca desisto.

— É — disse outro. — Mas, desta vez, *nós* estamos tomando a decisão por você.

Pela primeira vez na vida, não terminei uma corrida.

Detesto deixar qualquer coisa pela metade. Não completar a Leadville 100 foi constrangedor e preocupante. Toda a minha marca e toda a minha carreira se baseiam na força mental. Mas, no avião de volta para casa, eu sabia que a equipe tinha feito a escolha certa. Eu simplesmente ainda não tinha me recuperado completamente da Conquista dos 100. Na manhã seguinte, fui para a academia e me dediquei às remadas e a jogar uma *medicine ball* com força no chão. Estava determinado a derrotar aquela coisa — independentemente do que fosse a "coisa" que estivesse me atormentando.

Contudo, durante todo o restante do ano, continuei tendo uma série de decepções nas corridas. Fui tentar me classificar para a maratona de Boston e comecei bem. No km 27, tudo desandou e eu não me classifiquei. Fiquei horrorizado com a situação. Depois, tive um dia bom numa corrida de mountain bike em estrada de cascalho chamada The Crusher. Esta, eu terminei. Mas, quando fui conferir meu tempo, vi que tinha sido trinta minutos mais lento que na vez anterior que a disputei. Participei de um evento de *endurance* de natação com a Carlee e me senti tão mal no percurso que comecei a vomitar na água. Que beleza! Fiquei constrangido, sim, mas profundamente preocupado quando, pela primeira vez na vida, não terminamos a corrida abaixo do tempo limite. Eu não só havia me decepcionado, mas a Carlee também. Meu corpo ainda parecia forte, mas havia algo de errado na maneira como corpo e mente trabalhavam juntos.

Sei muito bem que, para se fazer qualquer coisa que valha a pena, é preciso 100% de esforço mental, assim como 100% de esforço físico. Os dois lados têm de trabalhar juntos. Você pode ter toda a força mental do mundo, mas, se o corpo não estiver pronto, vai ser uma luta. Se mudar a ordem dos fatores, o produto vai ser o mesmo. Se o corpo estiver pronto, mas a mente, não, vai haver problemas.

Era o meu caso. Passei uma semana fazendo uma terapia intensiva de comportamento cognitivo na Cognitive Fx, uma clínica de tratamento pós-concussões em Utah, especializada em traumas cerebrais. Eles me fizeram passar por ressonâncias magnéticas e por uma bateria de testes e de exercícios para o fortalecimento do cérebro. Quando saí da clínica depois de uma semana, percebi que a terapia havia feito eu me sentir quase normal de novo. A confusão mental havia desaparecido.

Mas eu ainda não estava 100%. Se você passar uma semana numa academia, vai se sentir saudável, mas ainda não será nenhum Schwarzenegger. Eu havia subestimado (e muito) a quantidade de danos que a Conquista dos 100 havia causado no meu cérebro. Eu ainda me sentia extremamente cansado. Era capaz de dormir praticamente em qualquer lugar. O cérebro parecia preso na capacidade máxima de reação. Eu tinha vivido tanto tempo no modo lutar-ou-fugir que agora eu não conseguia mais voltar à função parassimpática normal do cérebro. Se eu gravasse um podcast, tinha que me deitar no sofá logo depois. Se fosse dar uma palestra em algum evento, correria tudo bem no evento, mas, quando chegasse em casa, precisaria de dias para me recuperar. Eu dormia como uma pessoa faminta. Independentemente de quanto eu dormisse, sempre queria mais.

Eu me sentia cada vez mais frustrado, e isso pode ser bom, se for seguido por uma ação. Você tem que estar frustrado o suficiente com o que quer que esteja lhe incomodando para tomar uma providência.

No meu caso, precisava focar minha recuperação, com bem mais seriedade do que antes. Se você dispende muita energia por muito tempo, faz todo o sentido você não se recuperar de um dia para o outro. Por que eu deveria achar que, depois da Conquista dos 100, eu poderia dormir um pouco e talvez tirar umas férias e ter uns fins de semana de descanso e logo voltaria a ficar bem?

É errado pensar que as pessoas que estão lutando para se recuperar precisam de palavras de incentivo. Depois da Conquista dos 100, a última coisa que eu precisava era de alguém dizendo: "Vai lá, James. Vai! U-hu! Você consegue!"

Os incentivos têm sua função. Mas eu precisava de uma abordagem mais sistemática e mais bem elaborada. Precisava de força cercada por delicadeza — de um tijolo envolto em veludo, por assim dizer.

É aí que entra a Sunny. Não sei como ela me aguenta. Realmente não sei. Ela sacrificou tanta coisa pela Conquista dos 100. E, agora que tinha terminado, continuava se sacrificando, continuava a recolher meus cacos. Ela queria que tudo voltasse ao normal tanto quanto eu, mas como isso seria possível, se tudo o que o marido dela queria fazer era dormir?

Ela mandou que eu fizesse o que fosse necessário para me curar, e eu dou esse mesmo incentivo a você.

A recuperação é coisa séria. Precisamos nos educar sobre o que o corpo, a mente e a alma precisam para florir e serem saudáveis, para que nós mesmos possamos ser melhores na próxima vez que enfrentarmos o sofrimento intencional, aquele que nos alça a novas alturas. Dormir é tão importante quanto puxar peso. O autocuidado — como, por exemplo, atenção plena, meditação, orações, férias, leituras, brincadeiras, cochilos e terapia — são uma parte importante da recuperação.

VONTADE DE FERRO: Se estiver tendo muita dificuldade agora, se estiver cansado, exausto, ou se sentindo sem forças, sua função é se recuperar. Faça o que for necessário para ficar bem.

Dezoito meses inteiros se passaram desde o fim da Conquista dos 100. Um dia eu estava numa corrida festiva no Dia de Ação de Graças com meus filhos quando um cara se postou ao meu lado.

— E aí, James? Como está se sentindo agora?

Lutei para ligar um nome àquela pessoa e me perguntei como deveria responder. Como eu estava me sentindo? Totalmente cansado. Letárgico. Deprimido. Não conseguia voltar ao mesmo nível de energia. Será que era isso o que ele queria ouvir?

— A gente se conheceu na Conquista dos 100 — acrescentou, enquanto corríamos. — Você adicionou meu nome no celular. Dr. John Hatch. Eu sou da Clínica de Reabilitação Cerebral de Orem.

Aquilo me ajudou a me lembrar. Conheci tanta gente na Conquista dos 100 que os nomes e os rostos se confundiam. Mas eu me lembro de ele ter me aconselhado a procurá-lo, se precisasse de uma boa recuperação. Ele era especialista em recuperar cérebros. Alguma coisa clicou e eu marquei uma consulta.

No dia do primeiro exame na clínica, caí no sono enquanto ele trabalhava em mim. Ele fez alguns testes para ver se meus olhos estavam piscando involuntariamente, quando deviam estar parados. Depois que eu acordei, me explicou que esses espasmos, chamados de "intrusões sacádicas", podem ser resultado de lesões cerebrais. Podem acontecer depois de uma concussão, que ele acreditava ter ocorrido muito provavelmente no dia do acidente.

— Mesmo que suas costas estejam curadas, elas continuam a mandar sinais para todo o corpo. Você está revivendo o trauma do acidente todos os dias. Nós precisamos fazer com que o cérebro pare de enviar sinais de dor. Mas se você quiser mesmo isso, não vai ser diferente das outras coisas. Você vai ter que estar disposto a fazer o que for necessário.

Ali, na mesa de exame, pensei naquela pequena frase. "Você vai ter que estar disposto a fazer o que for necessário." Parecia tão simples, mas logo vi que havia algo de mais profundo nela. Para se curar, primeiro você tem que *querer* ser curado.

Ele tinha mais algumas notícias para mim, não exatamente boas. O dr. Hatch, que também era triatleta, explicou que os exames dos olhos que eu tinha feito renderam talvez os piores resultados que ele já tinha visto em seus 12 anos de carreira. Os testes neurológicos mostraram que os olhos estavam tendo 12 espasmos a cada cinco segundos. Uma pessoa normal não tinha nenhum. Talvez, no máximo, um por segundo. Mexer os olhos exige uma quantidade surpreendente de energia, e os espasmos eram um marcador da incapacidade do meu cérebro de se acalmar. Esse era outro motivo para eu estar cansado o tempo todo. Basicamente, todo o estresse da Conquista dos 100 havia acionado meu corpo para reagir como se ele ainda estivesse sendo atacado.

Nas várias semanas seguintes, dr. Hatch me fez passar por vários exercícios para a recuperação do meu cérebro. Ele trabalhou para recalibrar meus receptores de visão e do ouvido interno. Uma vez recalibrados, o cérebro se estabilizou. Em cerca de quatro semanas, já estava me sentindo bem melhor. Os olhos já funcionavam normalmente, e a fadiga passou.

A lição que tirei de tudo isso é que você tem que estar disposto a tentar várias formas diferentes de recuperação, mesmo as mais extremas, que talvez você não experimentasse. Se quiser se recuperar, tem que priorizar a recuperação e fazer o que for necessário. Você tem que querer se curar, e esta simples vontade já é um bom lugar para se começar. Mas não pode ficar só nisso. Continue indo em frente, tentando métodos diferentes de recuperação. Veja quantos médicos ou especialistas você precisar. Faça *tudo* o que for necessário.

VONTADE DE FERRO: Você é importante. Você merece ser salvo. Não existe crescimento sem recuperação. É uma parte necessária para que você possa seguir em frente. Faça as mesmas coisas pela recuperação que você fez para atingir sua meta. Não é preciso lidar com a recuperação inteira desde o início. Comece devagar. Depois dê o próximo passo. Gere o próprio embalo. Comemore as pequenas vitórias. Veja as grandes aparecerem. Só tem uma saída: atravessar o que estiver pela frente.

19

REDENÇÃO

Em agosto de 2023, mais de dois anos depois da Conquista dos 100, viajei para a Noruega com Carlee, Aaron e Casey para competir no lendário Triatlo Norseman Xtreme. Tenho certeza absoluta de que meu objetivo era diferente dos outros membros da equipe. Eles queriam terminar o triatlo, e terminar bem. Quanto a mim?

Eu queria a redenção.

O Norseman é considerado o triatlo de longa distância mais difícil do mundo. A cada ano, milhares de pessoas se inscrevem para completá-lo, mas só 290 são aceitas. O percurso é tão difícil que os dois lemas dos organizadores são: “Isso não é para você” e “Você não está pronto”. Não é nada pessoal, acrescentam. Eles só não querem que você morra.

E, se você terminar, sua grande recompensa é uma camisa preta comum com os dizeres “Completei o Norseman” e o ano. Só os primeiros 160 a cruzarem a linha de chegada recebem a camisa. E elas são muito festejadas, porque qualquer pessoa que conheça o Norseman sabe quanta dor e sofrimento são necessários para se conquistar uma.

Às cinco da manhã do dia da corrida, saltamos da parte de trás de uma balsa e caímos uns 4m dentro do Hardangerfjord, um sinuoso curso d’água que parte da geleira mais ao sul da Noruega. Na mesma hora, minha pele inteira gelou. A mente se encheu das memórias dos dias mais frios da Conquista dos 100, com toda a neve, o granizo e o vento, mas expulsei esses pensamentos negativos e comecei a nadar, braçada a braçada, naquelas águas gélidas e escuras. Cada vez que eu tomava ar, os ventos que corriam pelo fiorde gelavam meu rosto. Mas, desta vez, o corpo e a mente estavam preparados. Eu não estava vomitando na água.

Terminamos a natação e subimos nas bicicletas, partindo do nível do mar e subindo a 1.200m de altitude, cortando o Hardangervidda, um platô massacrante nas montanhas, onde não há ninguém, apenas uma ou outra rena que pula em seu caminho. A cada pedalada, eu me sentia mais forte e confiante, trazendo à mente todo o sucesso das etapas de ciclismo da Conquista dos 100 e tirando da cabeça qualquer pensamento sobre o acidente. É um percurso muito difícil, que exige muita garra, mas mantive uma série de imagens positivas correndo pelo cérebro. Era como reviver o dia da Maré Tranquila.

Finda esta etapa, começamos a maratona, mas essa não é uma corrida qualquer. Depois de alguns quilômetros em terra plana, no fundo do vale, começamos uma subida de 1.700m por cima de pedras e seixos. Passo a passo, fui enxotando a agonia e a exaustão do corpo. O último trecho da maratona geralmente é uma subida íngreme por um morro que parece um penhasco, mas naquele ano o tempo estava tão tenebroso que eles fecharam o morro e decidiram passar o trajeto por uma rota diferente, outra subida árdua até a linha de chegada. Os concorrentes são alguns dos melhores atletas de resistência do mundo, mas quase ninguém chega correndo no final. Competidores fortes e calejados geralmente chegam ao seu limite e choram durante o Norseman e, no fim, eu não fui exceção.

Quando terminou, Carlee, Aaron, Casey e eu erguemos nossas camisas proclamando que havíamos completado o Norseman.* Nós conseguimos.

O Caubói de Ferro estava de volta.

* * *

* Tempos dos que concluíram o Norseman em 2023, https: //live.xtriworldtour.com/nxtri23.

Fomos jantar num restaurante mexicano. Toda a minha família próxima. Só nós. Comemorando. Trocando figurinhas, contando piadas. Uma atmosfera festiva está no ar. Lucy e seu namorado de longa data acabaram de anunciar o noivado e, enquanto comemos chips e salsa esperando o prato principal, eu me recosto na cadeira e dou uma boa olhada em volta.

Eu sei que a vida está mudando para nós. Nossos filhos estão crescendo e tocando suas próprias vidas. Sunny dá mais palestras atualmente, correndo atrás de seus sonhos. Já estou chegando aos cinquenta, mas continuo me ocupando com *coaching*, eventos de atletismo e palestras, me preparando para o que vem pela frente.

Além de ficar noiva, Lucy se formou na faculdade e está estreando com toda a força no mundo. Lily se formou na escola de beleza, começou um negócio próprio que já está crescendo e logo vai se tornar bacharel. Daisy está terminando o ensino médio. Ela é inteligente, engraçada e se dá bem na escola. Mal pode esperar para sair pelo mundo e viver suas próprias aventuras. Dolly é a aluna mais popular da turma, e uma parte do que a faz ser tão legal é que ela nunca fica de nariz empinado, sempre é gentil com todo mundo. Já Quinn vai muito bom no lacrosse. Acabou de comprar uma moto e conhece um zilhão de piadas. Cara, você devia vê-lo dar cambalhotas no trampolim que temos no quintal lá de casa. Ele pode fazer qualquer coisa.

De onde vem todo esse sucesso? Sunny e eu estabelecemos metas como pais, nos sacrificamos, fizemos nosso trabalho e não desistimos. Os filhos são produtos de seus genes e do ambiente em que vivem, além de suas próprias escolhas. No fim das contas, temos cinco filhos incríveis e, naquele momento no restaurante, eu me pergunto se devo falar algumas palavras de sabedoria para a família. Quero incentivá-los a continuar indo em frente, dizer o quanto eles são incríveis e o que significam para mim. Falamos sobre tanta coisa ao longo dos anos e passamos por tantas aventuras juntos… Se eu fosse querer passar só uma coisa a eles — e a você — seria o seguinte: Faça coisas difíceis com regularidade.

VONTADE DE FERRO: Quando você empreende coisas difíceis, você isola o medo. Você pode atacar esse medo, quebrando o objetivo em partes pequenas. Corra um passo da maratona. Depois outro. E outro. Em pedaços pequenos, aquilo que você teme não vai mais parecer tão assustador. Você será capaz de subir qualquer montanha e nadar em qualquer fiorde. Você irá se treinar para saber como lidar com os momentos de medo — com confiança.

Pigarreio.

— Ei, pessoal. Quero falar uma coisa.

Pronto. As chimangadas chegam exatamente quando estou prestes a abrir a alma. Tacos, quesadillas e enchiladas e mais salsa chegam com um burburinho.

— Eu amo vocês — consigo falar, enquanto os pratos são colocados ruidosamente na mesa. O momento se perdeu. Conversas e risos voltam a se fazer ouvir. Mas percebo alguns sorrisos nos cantos dos lábios. Também estou sorrindo.

Quando terminamos de jantar, minha mente volta à Conquista dos 100. Um grande objetivo foi despertar o melhor nas pessoas. Eu me pergunto: *Será que consegui isso mesmo?* Enquanto relembro as histórias que giram em torno desta pergunta, uma palavra começa a se formar em minha mente.

Lembro que meu vizinho Mike, de 42 anos, estava lidando com a doença de Crohn e problemas cardíacos. Um médico chegou a lhe dizer que ele só teria mais seis meses de vida. Mike ficou deprimido e chegou a se perguntar se valia a pena continuar vivendo. Foi pedir ajuda e, graças a isso, apareceu para correr a maratona comigo, logo no início da Conquista dos 100. Acho que foi logo no 6º Dia. Ele perguntou ao médico se correr uma maratona poderia lhe fazer mal, na situação em que estava. O médico respondeu que "provavelmente não". E Mike decidiu arriscar.

Mike gostou tanto que acabou correndo sessenta maratonas comigo e, enquanto ele corria, percebi uma transformação acontecendo nele. Ele passou a ser um grande líder de torcida. Enquanto caminhava comigo, pedia às pessoas para compartilharem suas histórias e em troca falava de suas próprias batalhas, só para terminar dizendo que, se ele podia fazer coisas difíceis, elas também podiam. Ele contou como a empreitada havia lhe dado uma nova sensação de propósito.

Depois da Conquista dos 100, Mike passou por um tratamento com células tronco que reverteu alguns de seus problemas. Atualmente, ele participa de trilhas regularmente e, há pouco tempo, fez uma viagem de 80km com uma mochila nas costas com o filho adolescente, que ele descreveu como um momento incrível.

— Toda a minha perspectiva de vida mudou — ele me disse, depois da Conquista dos 100. — Antes eu costumava lutar e desistir. Hoje, se eu estiver lutando, sei que posso fazer coisas difíceis. Sou capaz de passar pelas provações porque tenho esperança.

Essa é a palavra:

Esperança.

Nossa nova amiga Sonja, a advogada da Islândia acometida por uma infecção grave que a levou à UTI e a ser entubada, escreveu para me dizer que aprendeu a andar de novo. Os médicos disseram que seus pulmões talvez nunca se recuperassem, mas ela adotou uma mentalidade à prova de bala e tratou de viver um dia de cada vez. Voltou a treinar. Voltou a ter como objetivo competir no meio triatlo, mesmo sabendo que seria extremamente difícil.

Todo dia ela acompanhava a Conquista dos 100 pela transmissão ao vivo. Via cada momento de agonia e cada dificuldade que eu enfrentava. Ela me viu tropeçar na maratona. Viu quando eu não aguentei e chorei. Cada vez que ela saía para correr, a dor era tanta que ela chorava também. No 80º Dia, quando eu me sentia tão destruído que postei aquela mensagem de que "Hoje eu vou tentar", Sonja também estava chorando. Mas persistiu.

Em julho de 2021, apenas seis meses depois de sair do coma, Sonja completou com êxito seu meio triatlo. Ela conta que a emoção na linha de chegada foi surreal. O namorado e a família foram abraçá-la.

"Até hoje, eu não sei como consegui", escreveu. "Eu estava no fundo do poço. Mas sei com certeza que o fato de você ter feito os seus cem foi o motivo de eu ter terminado o meu. Quero dar os parabéns a todo mundo que está no fundo do poço. É difícil de aceitar, mas se você tomar uma decisão consciente de se levantar todo dia de manhã, colocar a mão no peito, respirar o ar fresco bem fundo e se sentir grato pela oportunidade de poder tentar mais uma vez, isso é uma bênção. Daqui a alguns anos, você vai olhar para trás e se sentir grato por ter estado no fundo do poço, porque, se você permitir, essa experiência vai lhe tornar mais forte."

Esperança.

Um grande amigo meu, chamado Todd, ganhou milhões de dólares com seus negócios e vivia na alta sociedade. Então ficou viciado em comprimidos analgésicos e perdeu sua fortuna. Sua família desmoronou. Ele foi diagnosticado com câncer no cérebro e disseram que ele tinha poucos meses de vida. Mesmo nessas condições, ele veio até a trilha Murdock e participou da maratona conosco.

"Quem vai saber quanto tempo de vida eu ainda tenho?", ele me escreveu três anos depois do diagnóstico inicial. "Mas eu não vou perder mais tempo. Já perdi demais, e isso você nunca recupera. Você me ensinou a encontrar as bênçãos e a garra para lutar e fazer a diferença."

Esperança.

Meses antes da Conquista dos 100 começar, o pai de Bri, Jim, faleceu. Foi uma perda enorme para a família. Ele era o herói sábio e de bom coração que fazia todo mundo se sentir amado. Para a prima de Bri, Janice, a perda do tio foi especialmente devastadora, porque ela teve uma infância difícil, e Jim se tornara quase um pai para ela.

Janice comemorou seu aniversário no 101º Dia. Bri percorreu a maior parte do trajeto de bicicleta daquele dia e Janice mandou uma mensagem de texto para ela, que ela compartilhou, com permissão da prima. Eu guardei uma cópia no celular e volto a ler o texto agora, no restaurante. Diz o seguinte:

> Ver James passar dos 100 e saber que você estava pedalando com ele são os melhores presentes de aniversário que eu poderia receber. Não posso nem começar a descrever a estranha alquimia de admiração e empatia que explodiu em meu coração, quando vi que ele estava fazendo o 101º triatlo. Saber que ele tinha feito o 100º já era formidável, mas acho que foram o propósito e o esforço de hoje que me deixaram de peito aberto, no melhor sentido possível.
>
> O que eu quero dizer é o seguinte: Ter de enfrentar e saber lidar com traumas de infância, diariamente, acreditando em meu íntimo que eu não vou me definir pelo que aconteceu comigo e saber que estou curando a mim mesma e também às minhas futuras gerações pela coragem de romper com os ciclos de abuso e ainda por cima prosperar (...) tudo isso requer um esforço descomunal, mesmo nos melhores dias.
>
> No entanto, tem Alguém (e Alguma Coisa) que me permite e me incentiva a levantar de manhã, mesmo quando parece que eu não tenho mais nada para dar (...), para lamentar, servir, amar, dar, celebrar, criar e brincar com essa minha única vida selvagem e preciosa, entre um lindo amanhecer e o entardecer. Não posso prometer nada para amanhã, mas hoje vai ser um grande dia.
>
> Ver James se dedicar a fazer o que é aparentemente impossível mais uma vez (...), ver sua família linda e incrível e toda essa bela comunidade apoiar e honrar sua visão e seu talento. Ver sua intenção de amplificar a verdade de que, mesmo quando você deu tudo o que tinha, sempre ainda há um pouquinho mais... Bri, meu coração sente que foi compreendido. Qualquer coisa é possível. Qualquer um pode fazer coisas realmente difíceis.

Bri mandou mais uma mensagem para mim. Nela, ela se lembra da última palavra que ouviu o pai pronunciar no dia em que faleceu. Uma única palavra. Quando temos essa qualidade, podemos atravessar momentos difíceis. As dificuldades não precisam nos derrotar. Vamos superar tudo isso. Poderia haver palavra melhor para se deixar como legado?

Esperança.

ANOTAÇÕES PARA SUA JORNADA

AGRADECIMENTOS

Muito obrigado a Marc Resnick e toda a equipe da St. Martin's Press / Macmillan Publishers, a Byrd Leavell e Dan Milaschewski da United Talent Agency e a Marcus Brotherton, meu parceiro na hora de escrever.

Agradecimentos adicionais aos meus parceiros, membros da equipe, patrocinadores, apoiadores e aos muitos voluntários que viabilizaram a Conquista dos 100.

Sou incrivelmente grato à minha família, especialmente minha esposa Sunny. Nada disso teria sido possível sem ela.

Impressão e Acabamento:
GRÁFICA GRAFILAR